JN083406

フリーランスで「超」成果を上げる

プロジェクトワーカーとしての働き方

イデトモタカ
IDE TOMOTAKA

ぱる出版

人生百年の長寿化は リスクかギフトか

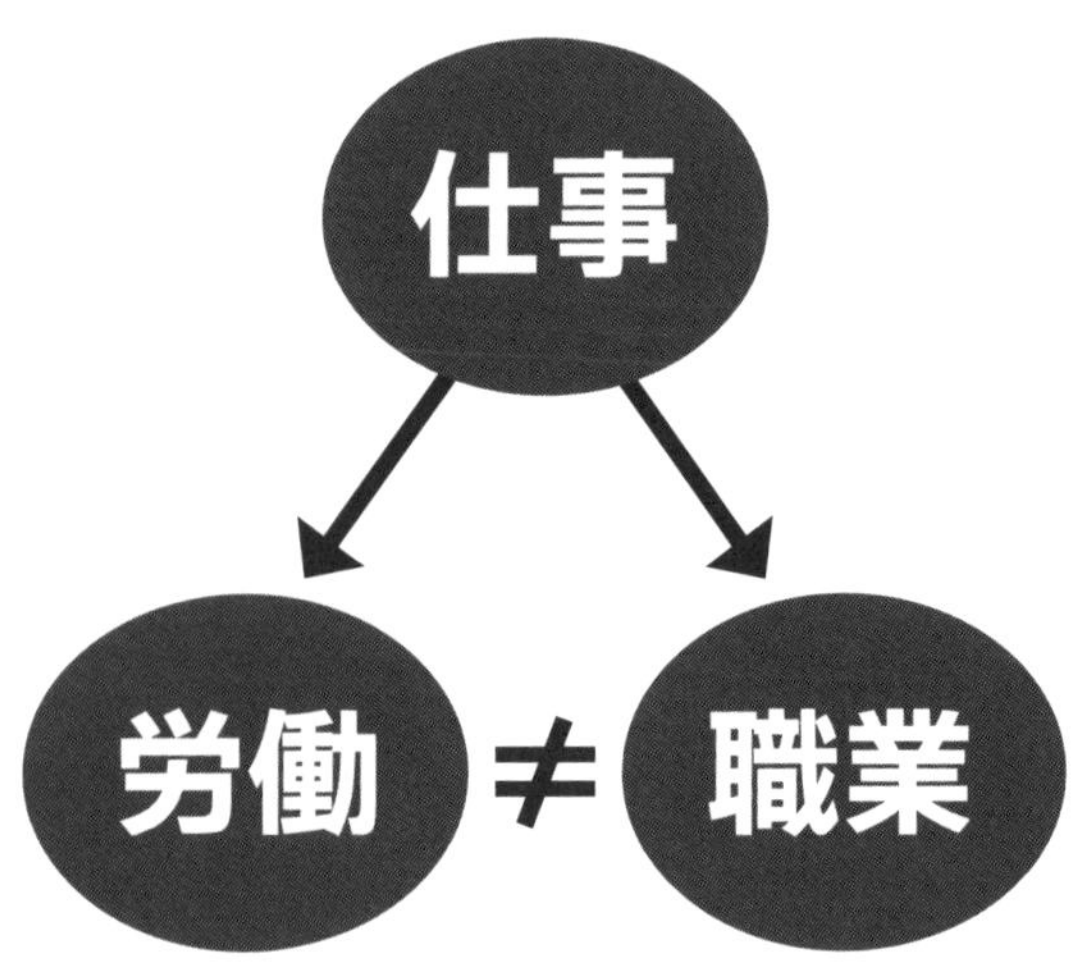

「労働」とは、必要なお金を得るための活動。
「職業」とは、社会において果たしたい機能や役割。

僕らが一般に「仕事」と言うとき、労働と職業がいっしょくたに語られます。まずはこの 2 つをきちんと分けて考えましょう。

そのうえで目指すべき理想は、労働から解放された人生です。

第1章

フリーランスの圧倒的強みと落とし穴

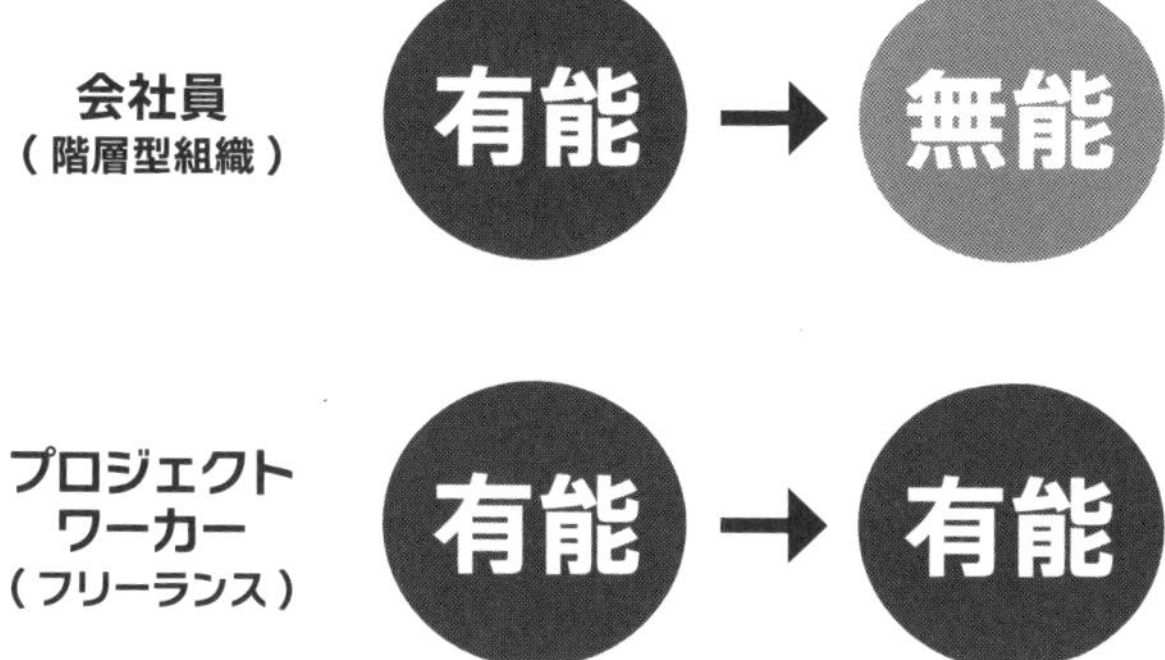

会社では「なぜこの人が？」と目を疑いたくなるような無能な人が、どういうわけか高いポストにいたりしませんか。

それにはきちんと理由があります。もしあなたが会社員なら、この法則から逃れることはできず、やがて無能になるのです。

組織に属さない。その真の「強み」を発揮しましょう。

個人でもギルドでもなく パーティーで生き抜く

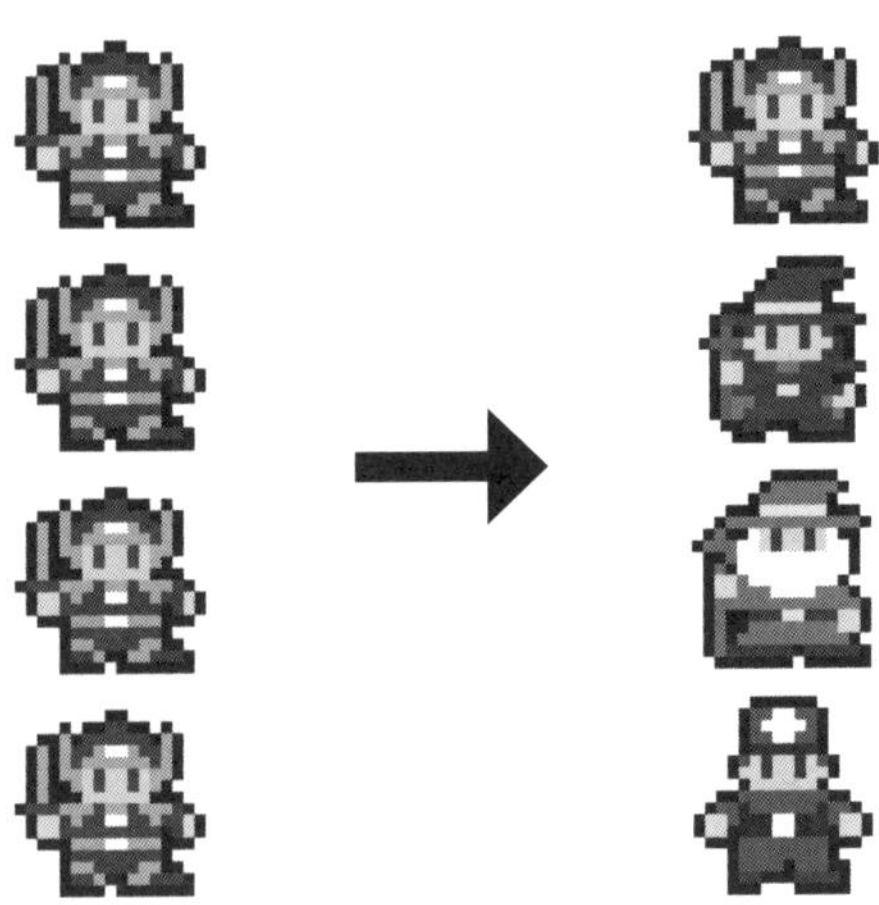

「ギルド」とは、同業者で構成された組織やチーム。
「パーティー」とは、他業種同士で構成された組織やチーム。

業種の異なるプロジェクトワーカー同士で4人パーティーを組み、全員が十分な報酬を得られる大きな案件を狩りにいく。

ずばりこれが本書の結論です。同業者同士でギルドをつくることはやめましょう。そちらは負けルートです。

第3章

フリーランスのレベル上げ基本戦略

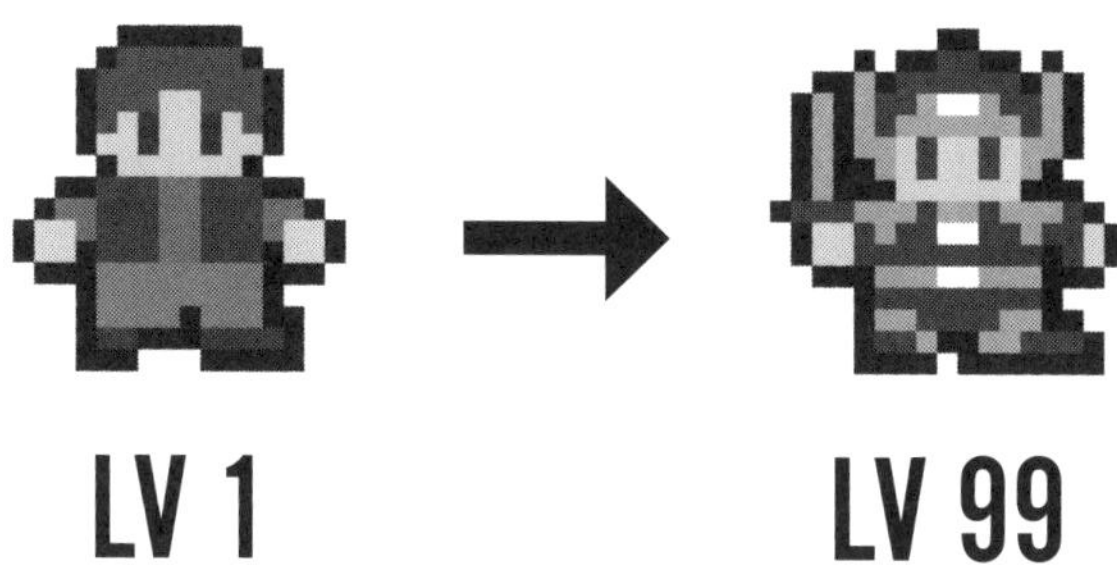

プロジェクトワーカーには2つのスタート地点があります。

A地点：業界で10年近くキャリアを積んで独立

B地点：経験や技術が乏しいなかで独立

本書では特にB地点スタートの見習いレベルから、どのようにレベル上げしていくかを解説します。

鍵は「信用がない」「実力がない」「市場から求められていることがわからない」の3つの「ない」をいかにクリアするかです。

稼ぐフリーランスほど仕事は1日2時間なわけ

（個人）DX

=

量 × 質 × 速さ

の実現

DXとは「データとデジタル技術を活用して、ビジネスモデルを変革するとともに、競争上の優位性を確立すること」。

言い換えれば、(1) テクノロジーを駆使して、(2) 仕事のやり方を変え、(3) 勝てるポジションをとることです。

企業だけでなく、個人においても、相反すると考えられていた「量×質×スピード」という矛盾を解消し、いかに実現するかの答えが求められています。

第5章

死なれては困る人を生きる

熱
エネルギー

運動
エネルギー

位置
エネルギー

モチベーションとは「エネルギー」であり、エネルギーは生きている人間なら誰にでもあります。問題は、そのエネルギーを向ける「方向」をコントロールできないことです。

モチベーションを「熱エネルギー」「運動エネルギー」「位置エネルギー」の 3 つに分けて捉えることで、はるかに自分の行動をコントロール (マネジメント) しやすくなります。

人生を変えるのは行動です。自分自身の操縦方法をマスターしましょう。

労働ではなく役割を生きる

現代人を不安にさせる「長寿化」の悩み

長生きも備えるべきリスクです。

はじめてその（不愉快な）言葉を聞いたのは、まだ20代の頃、保険販売員の口からでした。老後を意識するには若すぎた当時、なるほどとは思ったものの、聞き流すことで問題を先送りにしました。

現在、この国の多くの働き盛りの人々が、長寿化という医療やテクノロジーの功績に対し、不安を覚えているように見えます。いつか自分は、社会のお荷物に、役立たずになってしまうのではないかという尊厳への不安。今より生活水準を高める、最低でも維持することも難しいのではないかという収入への不安。どちらの不安もない、と言い切れる人は、あまり多くはないと思います。

仕事が生きがい、仕事が人生で趣味がない人ほど、定年後に認知症になる確率が高く、またその時期も早い、という話を耳にしたことがあるでしょう。しかし、間接的には影響があったとしても、認知症になる原因は、仕事をやめたからでも、趣味がないからでもありません。

原因は、過度なストレスです。

仕事（会社）に紐付いていた立場、権威、存在理由といった尊厳を喪失したことによる強烈なストレスが、脳内の血流悪化、ストレスホルモンによる脳神経細胞への攻撃などにより、脳神経細胞の減少、海馬の萎縮を引き起こしていると考えられています。

不安（過度なストレス）からの解放、という意味においては、認知症は自己防衛本能であり、歪んだかたちでの救済という見方もできます。しかしそれは、我々が望む「幸福な未来」ではありません。

電気・水道・ガス・お金

長寿化の不安には、お金の問題も深く関わっています。

お金（を稼ぐこと）を人生の目的にするのは完全に間違っていますが、とはいえ「ない」と困る。そういった意味において、お金は電気や水道やガスといった社会インフラに近い存在です。

お金が一番大事だ、と豪語する人も稀にいますが、ないと困るという面においては、空気や太陽光には遥かに劣ります。

もしあなたの周りに、「とにかく電気がほしい」「できるだけ多くの水がほしい」と言う人がいたら、どう思いますか。訝しげに、もしくは滑稽な目で「どうして？」「なんのために？」と訊くことでしょう。

渇いた喉を潤したいだけなら、コップ1杯分、200ミリリットルの水があれば十分です。しかし浴槽にお湯をはってお風呂に入りたいのなら、100倍の200リットルの水を用意しなければなりません。言うまでもなく、必要な水の量は、使用する目的によるのです。

けれど、**なぜかお金だけは「あればあるだけいい」と思い込んでいる人が大勢います。**

いつでも必要なときに、必要な量があるかどうか。それだけの問題ではないでしょうか。不足すると実際困るわけですが、目的も曖昧に「とにかくたくさんほしい」「たくさんあることは問答無用にいいことだ」という考えは、人を苦しめる煩悩であり、馬鹿げた盲信でしかありません。そして、我々の地球を破壊する原因です。

これは本書のメインテーマである、プロジェクトワーカー（フリーランス）としての生き抜き方においても基本となる観点ですので、ぜひこころに留めておいてほしいと思います。

労働と職業を切り離して考える

自分の人生の必要を満たすために、電気や水道、ガスと同じくお金が必要。それ自体はなんの問題もないただの事実です。そして、金銭という収入（対価）を得るための活動を「労働」と呼びます。なにを当たり前のことを、と思われるかもしれませんが、ここで「仕事」という言葉を選ばなかった理由はわかるでしょうか。

手元の辞書『新明解国語辞典 第七版』で「労働」を引くと、〈収入を得る（何かを生産する）ことを目的として、その人自身のからだを使ったり頭を働かせたりして行動すること。〉とあります。

説明のとおりなのですが、より端的に言えば「必要なお金を得るための活動」です。辞書が示すように、労働の目的は「収入を得ること」であり、そこには「やりがい」や「使命」や「意志」や「ビジョン」といった余分な修飾語はありません。

そうであるならば、**他の人よりも得意で、楽で、生産性や利益率の高いことに取り組めばいいと思いませんか。命を削ったり、嫌なことを我慢することには賛同できませんが、高尚である必要もありません。**

水が必要で川に汲みに行くのと同じです。そう思うと、できるだけ近くて、安全で、水がたくさんあり、空いている場所に行こうとするでしょう。自転車や車があるなら、歩いていく意味もありません。バケツやポリタンクの柄やデザインにこだわるでしょうか。

なにより、必要な量を運び終えてなお、まだ水を汲みに行こうとするでしょうか。労働の本質は、人類史の初期から「必要を満たす」活動であり、それ以上でもそれ以下でもありません。

先にも述べたとおり、「やりがい」や「使命」といったものは「労働」が扱う対象ではありません。それらは必要な収入を得るための「労働」ではなく、あなたの「職業」として、切り分けて追求すべきテーマです。

労働がない幸福でバランスのいい人生を送る

バランスホイールと呼ばれる考え方があります。ワークショップなどで取り組む際には、円を8等分なり10等分なりし、それぞれのパートに自分が生きるうえで重要なテーマを書き出していきます。例えば、健康、家族、友人、趣味、生涯学習、社会貢献、地域活動、それにお金、職業などです。

日本語で一般的に用いられる「仕事」という言葉は、労働と職業（役割）を混同した概念であり、現に「収入は得られるけど、やりがいがない」や「人に喜ばれるけど、お金にならない」といった混乱を招いています。

本書では、**必要な収入を得るための活動を「労働」、社会において果たしたい機能や役割を「職業」と整理して使い分け、「仕事」という言葉は労働と職業を区別する必要性がない場合にのみ、便宜的に使用することとします。**

また、言うまでもないことですが、人が生きるのは労働のためではなく、人生においてお金がすべてなんてことはありえません。ただ、ないと困るから、必要な分は賄(まかな)っていく。それだけのことです。

そして他の項目、7つも9つもあるテーマについても、しっかりと満たしバランスの実現を目指す。それが偏りのない、幸福で豊かな人生ではないでしょうか。

しかしさらに欲を言えば、そもそも「労働」がない人生がいいと思いませんか。必要な収入を得るための活動から解放された毎日を送ることができれば最高です。

さらに定年や離職によって失われる——その際に、強烈なストレスから認知機能に多大な影響を及ぼすほど、脳細胞まで損傷させる——期限付きの尊厳や存在理由ではなく、**完全に自分自身に根ざした役割や誇りを持って生きつづけられる。**

そのためのひとつの道が、本書で解説する「**パーティー型フリーランス**」という生き方です。

増加する危ういフリーランス入門者

フリーランスの急増が意味することは

２０２１年、国内のフリーランス人口は前年から約５００万人急増しました（計１５７７万人）。

全体の内訳は、割合が多い順に以下となります（２０２１年）。

- 自営業系独立ワーカー　500万人（31・7％）
- 副業系すきまワーカー　424万人（26・9％）
- 副業系パラレルワーカー　356万人（22・6％）
- 自由業系フリーワーカー　297万人（18・8％）

ＣＯＶＩＤ－19拡大以前の２０２０年２月の数値は次のとおりです。

・自営業系独立ワーカー　296万人（27・9％）
・副業系すきまワーカー　420万人（39・5％）
・副業系パラレルワーカー　288万人（27・1％）
・自由業系フリーワーカー　58万人（5・5％）

最も伸び率が大きいのは「自由業系フリーワーカー」で、58万人から297万人へと激増（前年比512％）しています。統計資料に具体的職種等の記載はありませんが、「特定の勤務先はないが独立したプロフェッショナル」と曖昧に分類されていることと社会状況から考えて、大半がリモートワーク化により需要と供給が急増した飲食物の配達員ではないかと推察されます。

契約ベースで2社以上の企業と業務を行う「副業系パラレルワーカー」は68万人の増加（前年比124％）。意外にも常時雇用された本業を持ちながら、副業としてフリーランス業務を行う「副業系すきまワーカー」は、社会システムの大きな変革のなかにあってわずか４万人の微増（前年比１０１％）に留まっています。

個人事業主及び一人会社の経営者で構成される「自営業系独立ワーカー」は、２０４万人もの増大（前年比１６９％）と「自由業系フリーワーカー」に匹敵する勢いを示しています。

しかしながら時期を考慮すると、雇用先企業の経営難や失業を期に独立、という層も一定数存在するでしょうが、穿った見方をすれば緊急事態宣言の影響緩和のための一時支援金（給付金）目当てのグレー開業者も、少なからず含まれるのではないかと考えられます。

それでも、国内労働人口６２３１万人中の４人に１人（25％）がフリーランスに該当する時代。学校を出たら企業に就職し、そこで定年まで勤め上げるというモデルが、いかに過去のものとなったかが窺い知れます。

国内のフリーランス人口

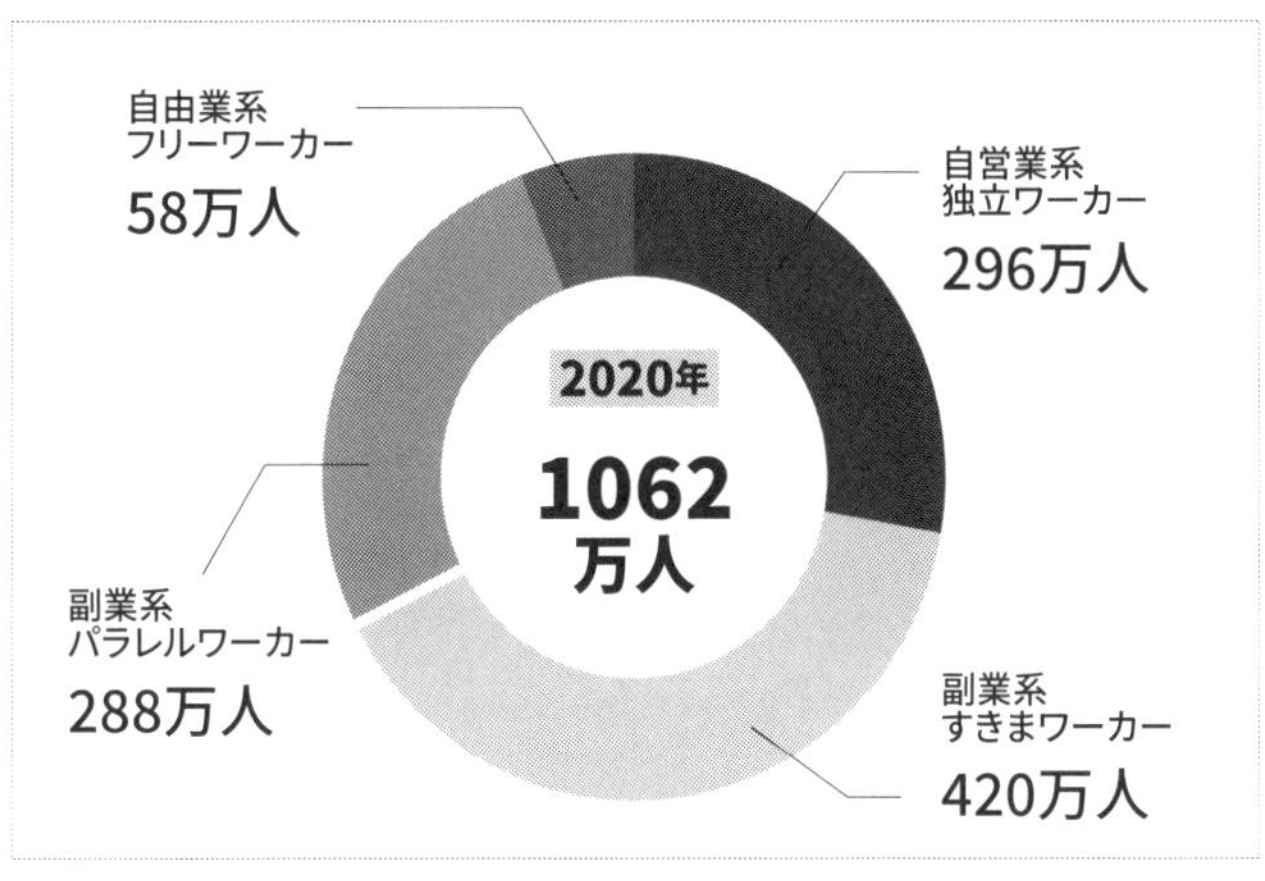

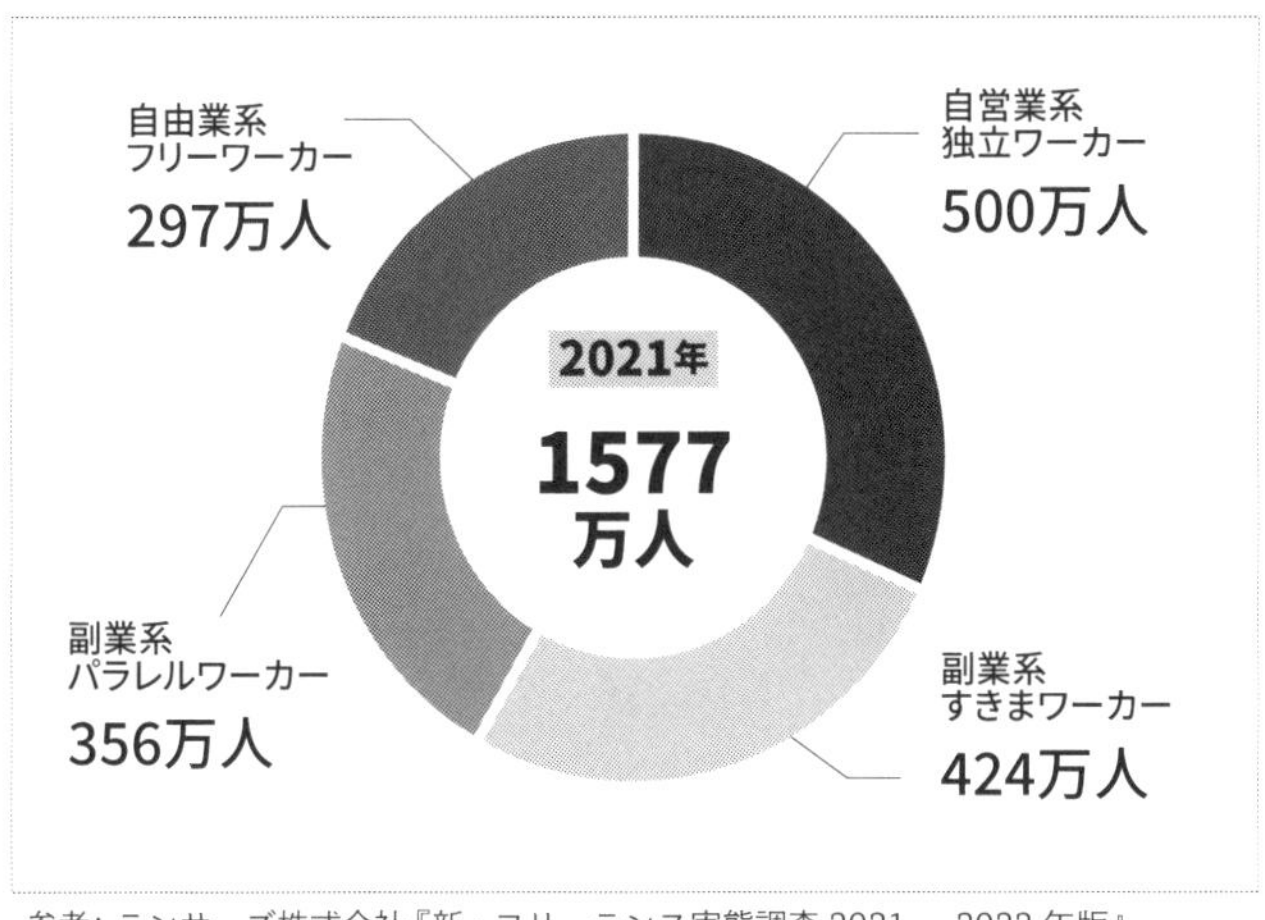

参考：ランサーズ株式会社『新・フリーランス実態調査 2021 － 2022 年版』

企業の右肩上がり成長の限界

先ほどの統計において、唯一、社員として企業に雇用されながら、フリーランス業務を副業として行う「副業系すきまワーカー」の80・6%が、フリーランスになったきっかけを（当然といえば当然ですが）「収入のため」と回答しています。

厚生労働省は『副業・兼業の促進に関するガイドライン』を作成し、それに応じるように大企業を筆頭に副業の承認、推奨が進んできました。

同ガイドラインでは副業・兼業のメリットとしてオープンイノベーションや地方創生、個人のスキルアップなどが謳（うた）われており、さも労働者が新たな権利を獲得したかのようです。

しかしながら労働者の立場からすれば、副業や兼業の必要などなく、雇用される企業から必要に十分足る収入を、法定時間内、ないしそれよりも短い労働時間で得られたほうがいいに決まっています。

それが叶わず、この先もその理想に近づくどころか、どんどん状況が悪化することが予想されるがゆえの、副業・兼業の推進が実情です。

ではなぜ、このような状況にあるかといえば、世界が減速していっているからです。年功序列にせよ、昇給制度にせよ、企業における社員の給料の増加は、基本的に社会と会社の成長を前提としています。しかしその前提がすでに崩れ去りました。

人口は減少へ向かい、市場を活性化させるほどのイノベーションは起こりづらくなっています。人々の消費を刺激するイノベーションが国内から生まれないために、「おいしい業界」が発生せず、全員でじりじりと貧しくなっていっている。それがこの国の現状です。

なぜイノベーションが起こりづらいのか。それは**最もわかりやすいかたちのイノベーション（技術革新）とは、コストを半分にすること**だからです。コストの代表は、かかる時間、費用、労力です。

蒸気船や蒸気機関車、新幹線がなぜ画期的だったのか。それは移動にかかるコスト（時間）を半分にしたからです。T型フォードが世界を席巻したのは、一般人が自動車を手に入れるためのコスト（費用）を半分にしたからです。身近な例では、お風呂のカビ取り剤などは、タイルの目地をブラシなどで擦ってカビを取るというコスト（労力）を、半分ないしそれ以下にしたがゆえのヒット商品であり、ロングセラー商品だといえます。

また、イノベーションにはインパクトが重要であり、インパクトは減少したコスト幅の絶対値に相関します。

人類が目覚ましい発展を遂げた産業革命以後、直近200年ほどの間に、さまざまな領域でさまざまなコストが半分になり、それがまた半分になり、さらに半分に、そのまた半分に、と繰り返してきた結果、どうなったか。もはやコストを半分にしても、社会が変わるほどのインパクトを持ち得なくなってしまいました。これが、イノベーションが年々起きづらくなっていると述べた理由です。

プロセス・イノベーションや、マーケット・イノベーション、オーガニゼーション・イノベーションなど、イノベーションには他のかたちも存在します。これらを無視して「イノベーションが起きづらくなっている」と主張するのは、語弊があるのかもしれません。それでも、我々は現在、過去200年と比較して、非常に変化に乏しい時代を歩んでいることには違いないでしょう。

森の奥で密かに行われるお茶会

もうひとつ、現代を生きる我々が共有する苦難にスタグフレーションがあります。経済活動が停滞（後退）している不景気状態にもかかわらず、インフレーション（物価上昇）が進む現象です。

政府は元々インフレーション施策を推し進めていましたが、それは購買力の高まりによる消費増加である「デマンドプル・インフレ」を目指してのことでした。

しかし現在起こっているインフレーションは供給サイドからの物価上昇圧力による「コストプッシュ・インフレ」や、世界情勢の急激な変化に起因して資源や資材が入らないなど、ボトルネック連鎖による供給サイドのコスト上昇である「ボトルネック・インフレ」です。

これらにより、必要に足る収入を得ることさえ、多くの人にとって厳しくなっているという有り様です。

そんななかだからこそ、収入を少しでも増やそう、経済的自立や成功を目指そうとフリーランスを志したり、実際に始めたりする人が（急激に）増加するのも、納得がいきます。

ただ、フリーランスや副業に関する情報は溢れていますが、本当に長年、経済面だけでなく、あらゆるバランスにおいてうまくいっている、お手本とするフリーランスに出会う機会は、なかなかありません。そのため、どうやってうまくいっているのか、現状やプロセスを含め、外からは非常に見えづらくなっているのではないでしょうか。

学生の頃から、一度も就職することなく15年以上フリーランスとして生計を立ててきた者として、なぜこれからフリーランスを始めようと思っていたり、フリーランスとして成功したいと望んでいる人が、お手本となるようなフリーランスに出会う機会がないのかに答えるとすれば、単純に「絡む」理由がないからです。

すでに**一生ものの愉快で親密なコミュニティがあり、豊かで幸福に過ごしているからです。浮き沈みはありますが、そういった苦難さえ共にする仲間たちに囲まれています。**そこでのお茶会を楽しんでいます。

仮に積極的に白帯フリーランスと接触を試みようとする、自称成功フリーランスがいたとすれば、一般常識の外にいる変わり者でない限り、営利目的か、直接的にそうでなくとも、なんらかの不純な動機からであると思われます。一部、教育や成長の支援を生きがいや歓びとする人もいるかもしれませんが、それも自分が気持ち良くなるためであれば、間接的な営利目的だといえます。

実際、ＳＮＳを中心にインターネット上では、このスキルを身につければ

1日数時間の在宅ワークですぐに月収何十万円や、私の教えのとおりにやれば誰でも簡単に成功できる、といった（魅力的な）謳い文句や広告が散見されます。しかし、現実はそれほど甘くはありません。

後の本章で詳しく解説しますが、ソロプレイ（1人での在宅ワーク）を強調している時点で、フリーランスとして生きるうえで重要なポイントや、醍醐味がいくつも失われていることを知ってください。

自由なフリーランスの知られざる世界

僕の知る、豊かで、陽気で、自由なフリーランスたちは、六本木ヒルズにも、都内のタワーマンションにも住んでいません。大都市のマンション住まいはむしろ少数で、多くが地方の海沿いの古民家や避暑地、山奥の村など、自分や家族にとって心地いい場所に居を構えています。

そして**お金のための労働に必死になることなく、職業や役割として、面白**

い仲間と、やりたいことをやっています。

些細なことですが、僕自身、アラームをかけて眠ることは1カ月のうちに数日しかなく、起きたくなれば起き、眠くなれば日中であろうといつだろうと眠る生活をしながら、1日平均して2時間から3時間程度働き、家族や仲間たちと日々祝杯をあげながら、大きなストレスを感じることなく暮らしています。

なぜそれが可能なのか、どうすればそうなれるのか、これからお伝えしていくので最後まで楽しみに読み進めてください。

まずは、会社員とは異なる、フリーランスの圧倒的な強みと避けるべき落とし穴の話から始めていきましょう。

目次

第3章

フリーランスのレベル上げ基本戦略　123

第4章 稼ぐフリーランスほど仕事は1日2時間なわけ

【スタッフ】
カバーデザイン　安賀裕子
DTPデザイン　松岡羽
編集協力　飯塚陽菜
編集　五十嵐恭平

第1章

フリーランスの圧倒的強みと落とし穴

スキルが民主化される時代の生き抜き方

リスクヘッジの対象が会社からスキルになった

15年ほど前まで、リスクヘッジの対象は会社でした。

就職して、1社から毎月30万円もらうよりも、毎月5万円を6社からもらう方が安定している。太いかもしれないけれど脚が1本しかない椅子と、6本の脚で支えられている椅子。どちらの方がいざというときに倒れにくいか。さらに言えば、どちらの方が収入を高められる可能性が高いか――。

当時はホリエモンこと堀江貴文氏など、新しいタイプの起業家が脚光を浴びた時代でもあり、大学や高校を卒業したら当然のように就職する、という常識に疑問を感じる若者たちが冒頭のロジックに共感し、「ビジネスの4原則」を金科玉条に小さなビジネスに取り組み始めました。そうできたのも、インターネットという既得権益の外にある武器を手に入れたからです。僕もそのなかの一人でした。

堀江氏は「ビジネスの４原則」として、起業に関して次のルールを提唱しました。

1　小資本で始められる（初期投資がない）
2　在庫がない（あるいは少ない）
3　利益率が高い
4　毎月の定期収入が確保できる

この指針は、現代においてもスモールビジネスや副業を始めるにあたって有効であり、示唆に富んでいます。

会社がリスクヘッジの対象となったのは、企業寿命の短命化が根底にあると考えられます。しかしこの表現は正確ではありません。厳密には企業内における事業（プロダクト）ライフサイクルの短縮化です。

かつて年功序列の報酬制度や終身雇用が機能したのは、この国のビジネス環境そのものが「成長期」にあり、さらに各企業における事業プロダクトのライフサイクルも長かったためです。

プロダクト・ライフサイクル理論は、1950年にジョエル・ディーンが提唱したモデルで、製品が市場に投入されてから、撤退するまでの変遷を四段階に分類したもの。導入期から始まり、成長期、成熟期、衰退期へと移行していきます。

どんな大企業も、中堅、中小企業も、成長のきっかけとなるプロダクトが存在し、なくなれば退場します(倒産)。企業が求人するのは、基本的にはプロダクト・ライフサイクルの成長期に対応するためか、もしくは新たなプロダクト・ライフサイクルを生み出すためであることが理想です。

過去、優良企業で終身雇用が可能だったのは、新入社員の仕事人生40年に対して必要なプロダクト・ライフサイクルが、運が良ければ1つ、もしくはもう1つで賄えたからです。

現代はそういきません。イノベーションが起こりづらく、プロダクト・ライフサイクルもどんどん短くなるなか、企業は次から次へと成長事業を生み出しつづけなければ、世間から用済みの烙印を押されてしまいます（直感に反するようですが、これらの変化は世界の「加速」ではなく「減速」によるものです）。

このような時代に、脚が１本しかない椅子――それも、皮肉なことに太くもない脚の――に座りつづけることは確かにリスクであり、脚の本数を増やそうとする選択は合理的でしょう。

しかしながらもはや、考慮すべきリスクヘッジの対象は企業だけにとどまりません。手に職と呼ばれる個人のスキルや能力も、リスクにさらされるようになってきました。

テクノロジーの進歩はスキルを民主化する

リスクヘッジの対象がスキルや能力にまで及んできているとは、どういう意味か。あらゆる（特殊だった）能力が時間の経過とともに民主化され、誰もが簡単に低コストで使用可能になる流れにあります。また、そのサイクルも短くなってきている、ということです。

典型的なフリーランスは「技能型フリーランス」です。デザイナーやプログラマー、ライター、カメラマン、映像クリエイターといったクリエイティブ系を筆頭に、研修講師やファシリテーター、コンサルタント、士業と呼ばれる税理士、会計士、司法書士などのビジネススキル系、その他の専門職系など、個別具体的なスキルを駆使し、サービスを提供・納品します。

しかし、どのようなスキルであったとしても、プロダクト・ライフサイクルと同様に、市場内での相対的価値や期待するパフォーマンスに対する費用感は大きく変化していきます。

仮にその推移を４段階に分類し、特権期、繁栄期、細分化期、民主化期、と呼んでみるとどうなるか。

特権期にあるスキルは、文字どおり一部の人間にしか扱えず、またその恩恵に浴することで満足が得られる、ないし利益を上げられるのも、ごく一部の人間や組織（特権階級）に限られます。その稀少性ゆえに、クライアントが期待するパフォーマンスを得るための費用は、通常膨大なものとなります。

昨今では、Ｗｅｂ３におけるＤＡＯ（分散型自律組織）の需要に応えられる、スマートコントラクトの読み書きができ、手足のように自由に使いこなすことが可能なスキル（エンジニア）などがそうでしょうか。

次に繁栄期がやってきます。需要と比例してそのスキルを扱える人口が徐々に増え、市場が活性化します。２０００年代のウェブサイト制作技術などが該当するかもしれません。

やがてスキルが細分化・専門特化されていきます（細分化期）。普及期では、需要に応えられることが重要だったことにかわり、細分化期では特徴や強みの明確さ、ナンバーワンであることが求められます。

最後に民主化期がやってきます。もともと特権階級が独占していたスキルが、安価に、容易に、市井の人間も扱えるようになります。かつて専門技術だったウェブサイト制作が、今ではノーコードで直感的に、ティーンエージャーでも無料かほぼそれに近い費用でつくれるようになったのは、ウェブサイト制作のスキル及びウェブサイトを持つことの民主化だと言えます。

グーグル翻訳やディープエル（DeepL）といった無料の翻訳サービスも、翻訳スキルの民主化、母国語以外の言語を読み書きする自由の解放です。

しかし、重要なことが１つあります。それは、**いくらスキルそのものが民主化されようが、スキルのベースとなる能力の修得コストはほとんど変わらないという点です。**

「スキル」と「能力」を切り分けて考える

「能力」とは、ある領域に関する総合的な力。「スキル」とは、価値をベースに能力から切り出した個別具体的な技術――。そう、ここでは定義したいと思います。

そうすると我々**フリーランスは、保有する「能力」を「スキル」に加工して提供する存在**だと言えます。具体例を挙げましょう。

日本において、英語ができるというのは有益な能力です。英語という能力を基盤に、英文の翻訳や、通訳といったスキルで仕事を行うことができます。しかし、かつて特別なスキルだった英文翻訳は、今や誰でも無料のアプリケーションを使い、完璧とは言えないまでも十分に実用に足る精度で行えるようになりました。スキルの民主化です。英文の翻訳というスキル「だけ」では、大きな価値を発揮できなくなりました。

しかしだからといって、英語ができるという能力そのものが価値を失ったわけではありません。翻訳サービスを駆使できるからといって、誰もが翻訳の能力を手に入れたわけでもなければ、英語能力を身につけたわけでもありません。

加えて、先にも述べたとおり、テクノロジーによって効率性は多少高まっていたとしても、英語という能力を身につけるための修得コストは、ほとんど変わることなく存在しています。

ウェブサイト制作にしても同様です。誰もが専門的な知識を要さず見た目のいいウェブサイトをつくれるようになりました。その点において、ウェブサイト制作スキルは民主化しており、金銭的価値も大幅に下落したかもしれません。

けれどでは、HTML&CSS、PHP、JavaScriptといった言語を自由に、臨機応変に扱える能力の価値が毀損されたのかといえば、全くそんなことはありません。一般大衆がこれらの言語を修得したわけでも、修得することが容易になったわけでもないのです。

英語もプログラミング言語（マークアップ言語）も、相変わらず、相応の時間と経験を費やしてようやく自分のものになる能力であることに変わりありません。

問題は、それが本当に「能力」であるかどうかです。

能力とは、ある領域に関する総合的な力であると定義しました。その意味において、英語の能力があるとは、ただ英文を和訳できることでも、言いたいことを英語に変換して言えることでもありません。英語圏との文化の違い、価値観、宗教観、民族意識の違い、それらの違いを生む背景に横たわる事件や出来事、共有する歴史などに精通したうえで、英語を用いて（ビジネス的価値につながる）インプット・アウトプットができるということです。

ウェブサイト制作における能力も同じです。ただＨＴＭＬとＣＳＳを組める、ないしWordPressの導入やカスタマイズができる程度では、能力とは呼べません。それらは単なるスキルのひとつです。

個別のスキルはやがて民主化されます。あなたの身につけたものが表面的なスキルであれば、それらはテクノロジーの進化というリスクにさらされつづけるでしょう。遅かれ早かれ金銭的価値を持たなくなります。

ひとつの提供形式しか持たないスキルに依存（期待）するのではなく、それなりのコストを支払わなければ修得できない能力を身につけて、さまざまな提供形式に加工（対応）できる。

それが本当の意味での、フリーランスのリスクヘッジです。

100人に1人が3領域あればいいの甘い嘘

なんでも屋では食べられなくなりました。一昔前は、デザインもすればライティングもして、広告出稿もする自称デザイナーや、写真を撮って、動画も撮って、編集も簡単なウェブサイト制作もする自称カメラマン、マーケティングのアドバイスをしながら補助金申請を代行したり、書類作成を手伝う自称コンサルタントはごろごろいましたし、それで生計を立てることができていました。

今はもう通用しません。テクノロジーの進歩により、先述のとおりさまざまな領域でスキルが民主化を果たし、プロフェッショナルに求められる能力と質が高度化しているためです。

セルフ・ブランディングという言葉が書籍などのメディアで頻発していた時代、自分の価値を高める方法として、領域を掛け合わせる考え方が流行しました。１００万人に１人の能力を身につけることは難しいけれど、１００人に１人の領域が３つあれば、それらを掛け合わせることで１００万人に１人の存在になれるのだ、と。

数字に嘘はありませんし、ロジックも理解できます。なにより特別な存在になるために、新たになにかする必要がなく、自分のなかから稀少性を見つけるだけでいいという簡易さがひどく魅力的です。

しかしながら、繰り返しになりますが、具体的なスキルはテクノロジーによって民主化され、専門家に求められるクオリティや水準は以前より高まっています。仮に１００人に1人の能力（スキル）を３つ備えていたとしても、その程度の練度であればテクノロジーでおよそ代替可能か、アウトソーシングも容易であり、ブランドと呼べるほどの存在価値があるとは到底思えません。専門性だけでなく個性も含めて３つ掛け合わせた複合体としての価値の話だとしても、類似した組み合わせの相手に一分野でも劣っていれば、その時点で無価値になります。

極端な話、ある（競合の少ない）分野について入門書1冊と、派生する専門書や応用書を加えた計3冊もしっかりと読み込めば、周囲１００人程度のなかで一番詳しい人にはすぐなれます。期間は1カ月もあれば十分でしょう。そのレベルの専門性（と呼ぶにはあまりに頼りないですが）を掛け合わせることで、１００万人に1人の逸材として活躍できると本当に思うでしょうか。

仮にそれが真実ならば、世の中はもっと特殊な才能を駆使して躍進するフリーランスで溢れているはずです。

領域一位になることから目を逸らさない

小中学生の頃、トレーディングカードゲームに夢中でした。電車を何本も乗り継いでカードショップに足を運んでは、見ず知らずの相手と対戦をしたり、カードの交換（トレード）をしていました。

初対面でも大多数は趣味を共有する仲間として、友好的に接してくれます。しかし、なかには「シャーク（鮫）」と呼ばれる人たちがいました。インターネットが普及する前だったこともあり、カードの価値を理解していない初心者（フィッシュ）を騙し、不当（不釣り合い）なトレード（シャークトレード）を持ちかける輩の蔑称です。

シャークはさまざまなアプローチで高額カードを手に入れようとします。代表的な手口が「クソレア合体」です。カードにはそれぞれコモン・アンコモン・レアといったレアリティが存在します。しかし同じ最上位のカード（レア）であったとしても、価値には天と地ほどの差があるもの。

「クソレア合体」は、レアカードとはいえ、ほとんど価値のない「クソレア」を束ねることで、非常に価値のある本物のレアカードと交換しようとするやり口です。無論、絶対に応じるべきではありません。

需要も価格も高い、誰もが認めるトップレアカード1枚の価値は、大したことのないカードがどれほど束になったところで、代わりになることはありません。

フリーランスの能力に置き換えても同じです。

それほど価値のない――それこそ100人に1人程度の――強みや特性をどれだけ束にしても、所詮は「クソレア合体」にすぎません。

コピーライターとして、一般人よりは多少言葉のセンスがあるくらいの実力しかない次元の相手に、エクセルで簡単なマクロなら組めます、ヨガインストラクターの資格を持っています、実家が喫茶店なので珈琲には少し詳しいです――と言われたところで、市場からすれば「だからなに？」です。

ではどうすればいいのか。

ある領域で一番になることです。カテゴリーを絞って、ないなら創って、一番になることです。実力が足りないなら、つけるしかありません。そこに魔法も抜け道も、ないと僕は思っています。

これからフリーランスになろうと考えている人はがっかりするかもしれませんが、10年くらいかかるでしょう。要領のいい方でも、その期間を半分にするのは至難の業です。

ただそれは、10年間は半人前で、未熟者で、食べられないという意味ではありません。僕も最初の３年はのらりくらりとしていましたが、それでもなんだかんだ食いつなぎ、４年目からうまくいきはじめ、５年目には軌道に乗り始めました。

僕のフリーランス１年目はまだ大学生で、社会人経験そのものが皆無の状態でしたから、スゴロクでいえば本当に１マスも進んでいない「スタート」出発です。すでにフリーランスとして活動していたり、社会に出て働いた過去があるのなら、いくらか進んだマスからスタートできます。

10年といいながら、そのうちの7年や8年はすでに終わっていて、意識するのは2年や3年だけ、ということもあるでしょう。

実力（＝能力＝ある領域に関する総合的な力）がつくまでの10年という時間は、ゴールとして目指すものではなく、「ながら」で過ぎていけばいいもの。

重要なのは、時間をかけてでも一般人より明らかに優れた「能力」をつけ、領域の大小を問わず「一番」になることから目を逸らさない姿勢です。

絶対順位ではなく相対順位で想起されればいい

ある領域で一番といっても、絶対評価ではありません。あなたになにかを依頼する人のなかで一番であれば十分です。より厳密に言えば、**あなたになにかを依頼する人が、依頼できる対象の範囲内での一番でいい。**

それなら100人に1人程度、専門書を3冊読んだレベルでも達成できるのではと思われるかもしれませんが、そうはいきません。インターネットの普及により、あらゆる専門家（トップクラスのプロフェッショナル）の水準に触れることができるため、依頼者側の目はこれまでよりも遥かに肥えており、期待値は高まっています。

依頼者側が知る範囲での一番と、常に比較されるということ。

しかしだからといって、さまざまな事情や都合もあり、依頼者が自身の知るインターネットや書籍上の一番に、必ずしも依頼したいわけでも、依頼できるわけでもありません。

加えて、依頼したい内容に関する能力をピンポイントに比較できる場合の方が少ないですから、比較対象が著名人だろうがトップランカーだろうが、現実に依頼できる「一番水準」として想起され、相談されればいいわけです。

そのためには、**繰り返しになりますが１００人に１人程度の能力を複数掛け合わせるのではなく、ひとつの能力を明らかにプロフェッショナルであると認められる高みまで磨くことです。**そうやって個人としてのブランドを確立します。

「ブランド」とは「カテゴリー代名詞」である

そもそも「ブランド」とはなにか。ビジネス界隈でこれほど曖昧に使用されている言葉もなかなかありません。一般には「信用」であったり、家畜への焼印だったという語源にのっとって「一目でそれとわかるしるし」であったり、はたまた「物語」だという人もいます。

仕事柄、経営者同士のインタビューの同行などで、さまざまな企業トップや多様なジャンルのパイオニア、研究者の方々にお会いしてきました。その際、雑談時によく「『ブランド』とはなんだと思いますか？」という質問を投げかけてきました。

そんななかで、頭一つ抜けて納得する回答をくださったのは、商品開発の神様と呼ばれ、サンスターやジョンソンで「トニックシャンプー」「カビキラー」「固めるテンプル」「ジャバ」など、信じられないほどのロングセラー商品を開発しつづけた、故・梅澤伸嘉先生でした。

梅澤先生は「**ブランドとは『カテゴリー代名詞』のこと**」と一言でその定義を示してくれました。

カビ取り剤といえば「カビキラー」のように、〈カテゴリー〉といえば〈この人もしくはモノ〉と想起される状態。つまり**あるカテゴリーの代表として認知されている存在が「ブランド」**なのだと。

領域同士を掛け合わせて限定化することで、ブランドとなれる可能性は高まります。しかしそれは何度も言うように中途半端なレベルでは意味がありません。実力を不要にする抜け道を探すのではなく、範囲を狭めて力を尖らせるためです。

力は生涯高めつづける対象であり、それを面白いと思えない人は、能力を武器に生きるフリーランスには向いていないかもしれません。

しかしながら前述したとおり、せっかく身につけた能力（の一部）はテクノロジーによって代替される危険性があり、リスクヘッジは不可欠です。

けれど一方で、相当に高い能力でなければ武器とはならないため、能力を絞って磨いていく必要があります。そうすると複数の力を身につけることができず、結局使いものにならなくなるリスクを抱えたままになります。

この問題を解決する方法は1つしかありません。

「領域一位」を掛け合わせることがリスクヘッジ

これについては、あいつに任せれば間違いない。そう言わしめる能力を身につけ、磨きつづける。そのうえでもうひとつ、やることがあります。それは**あなたと同じように、どんなに狭くても、なにかの領域で一位の実力があると信じられる仲間を見つけること**です。そしてパートナーになることです。

個人のなかで100人に1人程度の能力を3つ、4つ、掛け合わせたところで無意味だとしても、一位の実力（素質）がある仲間同士の能力を掛け合わせることができたなら、唯一無二の価値を発揮する可能性を秘めています。

あくまでも可能性ですが。

個別具体的なスキルや、提供形式の限定された能力は、今後価値を発揮できなくなる兆しがあります。専門性の高さだけではリスクヘッジにはなりません。論理解が存在する場合は言うまでもなく、（大量の）データから学習できる限りにおいて、ＡＩは日に日に人間よりも優れた存在へと進化していきます。解析や予測に関する能力で、人間がＡＩに勝利する未来は二度と来ないでしょう。

テクノロジーによるスキルの民主化が進むなか、活路を見出すとすれば、それは複雑な状況に呼応する刹那的な「組み合わせ」です。組み合わせるものはもちろん能力であり、それも領域一位（と思わせる）レベルのもの同士です。

だから、仲間が必須です。パートナーの存在が不可欠です。

数にものを言わせる戦法が取れないフリーランスの武器は、クオリティの高さは当然として、これまでスピードやニッチ、融通、個人の関係性などでした。しかしそれだけでは危うくなってきています。

ゆえに新たな武器が必要です。その武器のひとつこそ、一足早く産業界で適応された「**多品種小ロット**」です。

これまでフリーランスもさまざまな案件に柔軟に対応してきたとはいえ、自身の領域から大幅に出たり、スキルや能力を逸脱するアレンジは基本的に不可能でした。「多品種」さに限界があったのです。

僕自身、コピーライターというキャリアのなかで、主舞台となる広告文の作成から派生して、プロダクト紹介の記事や、経営者へのインタビューとその文字起こし及び編集、コンテンツサイトの監修、ライティング研修といった業務は能力の範囲内の依頼として、受けることができますし、声をかけていただくこともありました。けれど、その程度です。

現在は、**信頼できる仲間と能力を掛け合わせることで、大企業における企業文化変革プロジェクトのプログラム開発を行ったり、社内交流イベントの企画と運営を担ったり、ＤＸ推進を手伝ったりと、まさに業務内容が多品種化しています。**それぞれにオリジナリティの高いプロジェクトであるため、小ロットでもあります。

加えて、案件の規模が大きくなったことにより、報酬の額は大きくなり、報酬が得られる継続期間は長くなりました。

重要なのは、僕が発揮している能力は、相変わらずコピーライティングを土台にしたものである、ということです。キャリアチェンジをしたわけでも、新たなスキルを修得したわけでもありません。以前からできたことを、ただこれまでにないかたちにアレンジしているだけです。

仲間と組んでどう生き抜いていくか、いかに価値を生み出すかの詳細については、第２章でさらに紙幅を割いてお伝えしていきます。

組織に属すると誰でもいつかは「無能」になる

フリーランス最大の強みは能力を究められること——ではない

フリーランスは「看板」で飯を食うことができません。よほど目立つ活動をしていない限り、名刺も自己紹介以上の効力をほぼ持ちません。これらは表面的にはデメリットに見えますが、メリットと捉えることもできます。実力も、能力も、評価も、すべて個人に堆積されていくからです。

企業の看板の力を自分の実力と勘違いして独立し、厳しい現実を知り後悔する人はいつの時代にも存在します。フリーランスとして生きていく限り、そういった問題は起こりません。

RPGさながら、無名の状態から出発し、どんどんレベルアップしていくことに、フリーランスのやりがいと面白さがあります。

前節で「本当の意味で汎用性の高い総合的な能力を身につけるには、10年近くかかる」と述べました。しかしそれも、毎日何時間を10年間みっちり、という意味ではなく、さまざまな経験や知識を転用し、試行錯誤しながら気づけば10年程度同じ業界にいた、そういう10年でまずは構わないのです。

赤ちゃんは「あー」「うー」といった喃語の発声からはじまり、「わんわん」や「ぶーぶー」といった単語を理解、運用し、その後も語彙を増やしながら二語文、三語文を何百回、何千回と間違いつつ文法を使いこなしていきます。10歳は小学校の４、５年生に相当しますが、その頃には日本語という言語を用いた会話をかなりの水準でできるようになっています。その後も発展はありますが、では我々大人が毎年のように語彙を増やし日本語の運用力を高めていっているかといえば、甚だ疑問でしょう。

フリーランスが用いる能力も、プロフェッショナリティが高い一部の人たちを除いて、年々見違えるほどレベルアップしている人はそういません。

それでもまずは、言葉を話すように、あるいは手足のように、使いこなせる武器が必要であり、その修得には相応の時間を要するのです。

前置きが長くなりましたが、自分の意志で「同じ領域に10年居座り、特定の能力を磨きつづけられる」ことが、フリーランスの持つ強みであることは再認識する価値があります。

しかし、真のフリーランスの特権は別にあります。

出世しないことです。

いくら能力が高まろうと「出世による階層変化がない」。そして無能レベルに達した人の部下になったり、共に働いたりする必要がないことです。なにものにも代えがたいこの価値は、しかし見逃されがちであり、それゆえにフリーランスであるにもかかわらず、望んで階層に加わろうとする人もいます。

個人の人生ですから、他者に害を及ぼさない限りいかなる選択も自由です。そうは言っても、知らずに身を落とすのは不幸ですから、今一度「階層社会学（hierarchiology）」について確認しておきましょう。

組織に属すると誰でもいつかは「無能」になる

「ピーターの法則」を知っていますか。

ローレンス・J・ピーター博士によって、職業にまつわるおびただしい数の無能の事例を分析した結果から導き出された、社会を支配するひとつの真理です。

> 階層社会では、すべての人は昇進を重ね、おのおのの無能レベルに到達する。

ピーター博士曰く、ビジネス界、産業界、労働組合、政界、官公庁、軍隊、宗教界、教育界といった世界に従事する人は、一人残らず「ピーターの法則」

の影響下にあり、その支配から逃れることはできません。
少し長いですが、非常に示唆深い内容ですので、さらに引用します。

有能なレベルから昇進し、その次のレベルでも有能でいられるケースも、一度や二度であれば、多くの人が経験しているかもしれません。しかし、新しい地位で有能と認められるということは、さらに次の昇進が待っているということです。つまり、すべての個人にとって――あなたにとっても、私にとっても――最後の最後の昇進は、有能レベルから無能レベルへの昇進となるわけです。

もしも、十分に時間があれば――そして組織に十分な階層があるなら――すべての個人は、その人なりの無能レベルに行きつくまで昇進し、その後はそこに留まり続けることになります。

結果として、次のような「ピーターの必然」が予測されます。

やがて、あらゆるポストは、職責を果たせない無能な人間によって占められる。

しかしながら、職責を果たせない人ばかりでは企業も社会もまわりません。ゆえに、

仕事は、無能レベルに達していない者によって行われている。

『［新装版］ピーターの法則──「階層社会学」が暴く会社に無能があふれる理由』ローレンス・J・ピーター著（ダイヤモンド社）

辛辣ですが思い当たる節がいくつもあるのではないでしょうか。非常に明

解な論理ですので蛇足かもしれませんが、少しだけ補足します。

階層を有する組織では、原則ピラミッドの底辺から頂点を目指して昇進していきます。問題は、**各階層ごとに価値を発揮する能力も対処すべき事案も異なる**ということです。

仮に昔ながらの営業会社があったとします。新入りはピラミッドの最下層に位置するアポインター（見込み顧客と商談のアポイントを取る役割）からスタートします。全くアポイントが取れない場合、この時点で「無能」となり出世すること、つまり組織内の階層を上がることはありません。異動や転職をしない限り、無能の人間がこの業務を行いつづけることになります。

しかしアポインターとして成果を出した場合、階層が１つ上がり今度はクローザー（商談のクロージングを行う役割）に出世します。クローザーとして成果が出なければここで無能となり頭打ち、さらに出世すれば今度は教育係やマネージャーへと出世していきます。

あらゆる職務でパフォーマンスを発揮しつづける人などそういません。優秀さを発揮できる限り、そして組織内に十分な階層と時間がある限り、人は出世を繰り返し、やがて無能レベルに到達する。**無能になったポジションではもう出世しませんから、そのポストは無能な人間が居座ることになる。**

この不都合な真実を解き明かしたのが「ピーターの法則」です。

フリーランスには無能レベルに進まない選択肢がある

とりわけ日本には、企業側にパフォーマンスを発揮しない社員に対して、解任や免職する力が欠けていますし、文化的に降格も不祥事などがない限り稀です。

それゆえに、「ピーターの法則」及び「ピーターの必然」が見事に当てはまる状況にあると言えるのではないでしょうか。

ただ最近はメリットよりもデメリット（報酬に見合わない処遇）が多いことを理由に、出世を拒む若者が増加していると聞きますから、無能レベルに至らないプレーヤーが増えることで、皮肉なことに日本企業のサービスは向上するかもしれません。とはいえ、下の階層に与えられる影響力は小さいですから、景気などに対して明るいニュースにはならないでしょう（働く本人たちの幸福度は高まるかもしれませんが）。

もうひとつ、見知らぬ彼ら／彼女らの名誉のために補足しておくと、無能レベルに到達した人は、もはや有益な成果を出せなくなるわけですが、だからといって働き者だった人が怠け者になったわけではありません。この点については先のピーター博士も言及しています。

たいていの場合、そうした人にもまだまだ働く意欲はあるのです。行動への意欲もあり、ときに当人は仕事をしているつもりにさえなっています。しかし実際のところ、有益なことはほとんど何も行われていないということなのです。

こんな不幸があるでしょうか。けれど組織内においては事実なんらめずらしい状態ではありません。

出世による無能レベルへの到達。その背景には所属組織の階層化とともに、強制による管理があります。一般企業は社員に対して強制性を有しています。平たく言えば「義務」と「禁止」です。

これらもまた働き手の無能化に一役買っていると考えていますが、フリーランスの場合、自分の管理者は己自身です。「**しなければならない（義務）」「してはいけない（禁止）」に囚われることなく、いかに「やりたい（意志）」であらゆる時間を生きられるかが、付加価値につながる創造性を発揮できるかに関わってきます。**

２０５０年に求められるアビリティと修得方法

令和４年５月、経済産業省から『未来人材ビジョン』が公開されました。１０９ページからなるレポートで、結論は「旧来の日本型雇用システムからの転換」と「好きなことに夢中になれる教育への転換」が求められている、とのこと。正直なにを今更、という話ですが、興味深い点もいくつかあります。

例えば、ますますのデジタル化や脱炭素化といったメガトレンドを背景に、２０５０年時に必要とされる個人の能力変化の予測があります。

２０１５年に最も重要とされていた「注意深さ・ミスがないこと」という特性は、２０５０年には「問題発見力」に置き換えられ、次いで評価されていた「責任感・まじめさ」は「的確な予測」に。「信頼感・誠実さ」は「革新性」、読み書きといった「基本機能」は「的確な決定」へと、劇的に変化しています。

しかしこれら、２０５０年に需要が高まるとされている人材の能力は、２０２３年現在においても喫緊に求められている資質であり、それこそ各企

2015年		2050年
注意深さ・ミスがないこと		問題発見力
責任感・まじめさ		的確な予測
信頼感・誠実さ		革新性
基本機能（読み、書き、計算、等）		的確な決定

各職種で求められる能力・スキルの需要の変化（『未来人材ビジョン』より一部抜粋）

業が血眼になって適合者を探している最中です。

つまり、**社会で発揮することが期待される能力・スキルの変化は、30年後の話ではなく、既に移行が始まっており、2050年時に一般化すると見る**べきでしょう。

図の左右（2015年と2050年）を改めて見比べてみましょう。2050年に需要が高まると予想されている能力・スキルの方が、明らかに抽象的かつ、言ってしまえば高いIQ（≒抽象思考力）や創造性が求められるものばかりです。そしてこれらは、前時代的な仕事観、すなわち「強制」や「義務」、「根性」「我慢」「滅私」「忍耐」などと、ことごとく相性が悪いもの。即ちなにを意味するのか？

企業であれば、「強制」に頼らないマネジメント・スタイルへの移行が求められているとも読み取れます。ひとつの方法としては、公共政策分野で世界的な期待と注目を集めている「影響による介入」を目指す「ナッジ（Nudge）」の応用があるかもしれません。

フリーランス個人にしても事情は同じです。**「強制感」を排除して、いかに「やりたい」という（自由と創造の）エネルギーだけで生きられるか。それによる高IQ状態を維持できるかが、決定的な問題**となります。

やりたいことで生きていく？

だから、やりたいことで生きていこう！　なんて言うと、なんだか安い自己啓発書のようですが、結論はそうなります。**やりたいことを、やりましょう。**

なぜならそれが、最もＩＱと創造性が高まる行為だからです。

そしてもうひとつ重要なのは、「昨日の判断」をしないということ。意識しなければ我々は昨日までの自分にとって、当たり前とされる選択や行動をします。頭を使わず、心地良いからです。

そうではなく、「明日の判断」をする意識を持ちましょう。服を買うときは、今の自分に似合うかどうかではなく、未来の（理想の）自分にとって相応しいかどうか。付き合う相手も、今居心地が良いかどうかより、未来に過ごしていたい相手と（今の相手が駄目という意味ではありません）。

次元を上げて生きていく。次元とは時間と空間です。すなわち次元を上げるとは、時間感覚を拡張し、空間認識を広げること。つまり、時間軸を伸ばした判断をしていくことが鍵になります。

「やりたいことで生きていこう」と言うと、必ず「そんな無責任な！」と激昂する人がいます。それではと、彼ら／彼女らの言い分に耳を傾けてみれば、要するに「我慢」や「忍耐」、「義務」を推奨（賛美）しています。

けれども、それらは前時代的な価値観であり、将来（2050年に向けて）の社会では通用しない（需要がない）ことは、これまで見てきたとおりです。需要と供給という市場原理に則るならば、どちらが無責任なことを言っているかは、僕には明白に思えます。

言うまでもないことでしょうが、やりたいことだけやって生きるというのは、四六時中、寝転がって動画サイトを観て過ごすという意味ではありません。加えて、やりたいことというのも、1つではないはずです。人生にバランスの観点は不可欠ですから。

日々の生活のなかから、いかに「強制感」をなくしていくか。その意識と実践だけで、極端な話、頭はかなり良くなります。より創造的になり、質の高い時間を積み上げていくことになります。

「あれをしなければ」と思ったときには「あれをしたい」「あれをやろう」と思い直す、言い直す。そんなこと、と馬鹿にする人もいるでしょうが、人生というものは結局それくらいの小さな積み重ねの産物です。

そして僕が知る限り、物質的にも精神的にも幸福に生きている先輩方は、みんな「そんなこと」を大事にしている人たちです。

高付加価値の鍵となる「能力の輪」の本質

ウォーレン・バフェットの「能力の輪」が成功には不十分な理由

「能力の輪」という言葉を聞いたことがありますか。世界一の投資家、そしてオマハの賢人として尊敬を集めるウォーレン・バフェットが提唱する概念です。

「能力の輪」とは「自分のポケットの中身くらい熟知している対象」のこと。豊富な知識と経験があり、そこで起こることは容易に予測、対応できる領域を指します。一言でいえば専門分野です。

それ（能力の輪）に集中（固執）することが、ビジネスにおける成功の重要な要因である、というのがウォーレン・バフェットの主張です。僕もこの考えには概ね賛成で、実際そのように活動しています。

ただ、それだけでは足りない、ということも同時に実感しているので、その理由と解決策を考えていきましょう。

失敗したときは、大体「能力の輪」を出たとき。うまくいったときは、「能力の輪」の中でビジネスをしたとき。どちらの実感もあるので、僕は「能力の輪」信奉者です。

事実、「能力の輪」を意識し、実践し始めてから、大きな失敗をすることはなくなりました。ビジネス活動は順調です。しかしそれで「大成功」するかというと、僕は「しない」のではないかとみています。

「大成功」には他者（他社）と「違う」ことをするという暗黙の前提条件があります。しかしながら、「能力の輪」という概念のなかには、この発想が含まれていません。ゆえに、そこそこうまくいくようにはなるのですが、それだけでは驚くほどの成果にはつながらないのです。

しかし、経済性という観点では、ウォーレン・バフェットは間違いなく「大成功」しています。

この疑問は後ほど解消するとして、その前に「そもそも『能力の輪』とはなにか」について、本質を見極めたいと思います。

能力の輪とは高生産性空間の別称

国力はざっくりとＧＤＰ（国内総生産）によって算出されます。ＧＤＰは言い換えると（年間の）付加価値の総量です。会社やビジネスの力も理屈は同じ。つまり、どれだけ「付加価値」を生み出したのかが問われます。

付加価値とはなにか、という話をしだすと長くなるので割愛しますが、付加価値の創造がビジネスのメインテーマであり、そのための「生産性向上」がサブテーマとして存在します。

ビジネスはどこまでいっても「時間」の制約のなかで行われますから、生産性向上も「時間内での付加価値創造」を指します。同じ１年、１カ月、１日、

１時間という枠のなかで、どれだけインパクトある付加価値を生み出せるのかが差になるのです。

「能力の輪」とは「高生産性空間」を意味します。

自分が高い生産性を発揮できる空間（場所・状況）に身を置き、そこでアウトプットするのですから、うまくいくのは必然です。では「それだけで」万事オーケーなのかというと、世間を見渡す限り、答えはノーだと言えそうです。

東芝やシャープを筆頭に、日本を代表する家電メーカーの衰退や凋落は、あなたも知るところでしょう。彼らは「能力の輪」を「出たから」危機に陥ったのでしょうか。おそらく、そうではありません。自分たちが最も得意で専門とする業界で、打ち負かされたのです。

確かに、自分（自社）を過信したり、欲のために判断がぶれ「能力の輪」から外れたことで失敗するケースは無数に存在します。しかしそれが失敗ケースのすべてではありません。

「能力の輪」のなかで活動していたにも関わらず、うまくいかないケースも山ほどあります。今さら言うまでもないことですが、フリーランスはもちろんのこと、企業においてもビジネスとは前提として「得意なことで競う」ものだからです。

高付加価値＝高生産空間×高オリジナリティ

しかし前述のとおり、提唱者であるウォーレン・バフェットは大成功しています。

なぜ「能力の輪」に固執して、失敗するケースと、大成功するケースがあるのか。第一に考えられるのは、バフェットがビジネス活動を行うフィールドが、我々とは異なる「ゼロサムゲーム」の世界だということです。

誰かが得れば誰かが失う、綱引きのようなゲームでは、自分の領域を深め、そこから動かない「能力の輪」戦略は強力です。必ず誰かしらは「能力の輪」

の外に出ていきミスをしますから。ゼロサムゲームでは、他の誰かのミスが利益になります。

しかし、我々がフィールドとするビジネス空間は、ゼロサムの世界ではありません。だから「能力の輪」だけでは「足りない」のです。

では、具体的になにが足りないのか。

答えはずばり「**オリジナリティ（ナンバーワン）**」です。

ウォーレン・バフェットは株式投資というゼロサムゲームの世界にいるため、「能力の輪」だけで大成功できていると書きましたが、実はもうひとつ、「能力の輪」に集中するだけで大きな成功を収められる場合があります。

それは、**自分（自社）がナンバーワン市場の場合**です。ナンバーワンは、それ自体が「オリジナリティ」の役割を果たします。

ビジネス活動のメインテーマは付加価値の創造だと述べました。経済的成功を実現するためには「高付加価値」を生み出すことが求められます。そのために必要なもののひとつが「高生産性空間」であり、これがつまり「能力の輪」です。ですがそれだけでは足りません。もうひとつ必要な要素があります。それが「高オリジナリティ」です。乱暴に言えば「ナンバーワン」のもの。お気づきだと思いますが、これは散々述べてきた「領域一位」と同義です。

まとめると、高付加価値創造の要因は、以下の公式で表すことができます。

高付加価値＝高生産性空間（能力の輪）×高オリジナリティ（領域一位）

能力の輪に集中しながら、オリジナリティを高める。これがフリーランス個人において挑みつづける課題です。そのうえで、同様の意識と力を備えた仲間とパーティーを組み、領域一位同士を掛け合わせる。それがこれからの時代のフリーランスとしての生存戦略の核となります。

次章では、いよいよフリーランスのパーティー化戦略について見ていきましょう。

第2章

個人でも
ギルドでもなく
パーティーで生き抜く

4人でマンモスを狩ってハッピーに暮らす

パーティーを組め、そしてマンモスを狩れ

フリーランス同士で4人パーティーを組み、全員が十分な報酬を得られる大きな案件（マンモス）を獲りにいけ。

第2章の、いいえ本書の結論を一言でまとめれば、以上です。序章と第1章でその前提や背景について解説してきました。しかし、まだこの主張に対して深い納得と理解には至らないかもしれません。

本章以降は、先の結論を実践し、フリーランスとして生き抜いていくための具体的な方針や対策について明らかにしていきたいと思います。

まず、なぜネズミやウサギではなく「マンモス」を狩れと言っているのか。

マンモスとはもちろん比喩で、冒頭の結論にもあるとおり「全員が十分な報酬を得られる大きな（とりわけ法人の）案件」を指しています。さらに補足するなら「十分な報酬」とは「一定期間、安心して暮らせる」という意味です。

どうして狩りやすそうなネズミやウサギ（＝小さな案件）を狙うのではなく、難易度の高そうなマンモス狩りを推奨するのか。主たる理由は3つです。

1つ目は、**小さな獲物は遅かれ早かれテクノロジーに狩り尽くされる可能性が高い**から。根拠となる「テクノロジーの発展によるスキルの民主化」のロジックは前章で解説したとおりです。

スキルが民主化（無料化、もしくはほぼ無料化）されるといっても、そのテクノロジーを開発するのも提供するのも九分九厘、民間企業。であればフリーランスにもチャンスがあるのではないか、と考えられなくもありません。しかしそこに希望を見出すのは楽観ではなく無謀です。勝敗を分ける資金力と開発力に雲泥の差がある以上、相手は争っているとさえ感じないでしょう。

理由の2つ目は、**小さな獲物を狩るほうがライバルが多い**から。必要とされるスキルが明確で、ゆえに誰でも少し「工夫」すれば参入できます。テクノロジーによるスキルの民主化は、スキルや能力がない側にとって有利に働きます。本来実力に大差があったとしても、獲物（依頼や案件）が小さいほど力量差が意味を持たなくなります。

ミシュランで3つ星を獲得したレストランのシェフと僕との間には、料理に関する知識や技術に月とすっぽん以上の差があるわけですが、依頼内容が準備された食材をミキサーにかけるだけなら結果は（おそらく）同じです。ミキサー（テクノロジー）を持っているか、それを正しく使えるかだけの問題にすぎません。

ゆえに、あなたが一朝一夕では身につかない本当の意味での能力を保有していればいるほど、小さな獲物を狩る競争では価値が発揮できず不利になります。

加えて、小さな獲物は期待されるスキル、より正確にはそのスキルの工数に値段がついているため、時給の枠組みから出ることができない点も無視できません。

恐竜は滅び小動物が生き残ったへの反論

難しそうに思えるマンモス狩りをすすめる理由の３つ目を答える前に、現時点で想定される疑問について先に解決しておきます。

それは（大きな獲物を狩る）恐竜は滅び、我々の祖先たる小動物が生き残ったのではないか、という指摘です。確かに歴史を紐解くと、小さな獲物を狩る小動物が生存競争で勝ち残ってきました。その進化した末裔が我々です。

しかしながらこの指摘には２つの勘違いがあります。まず、小動物が生き残ることができたのは、小さな獲物を狩っていたからではなく、環境に適応できたからです。そして「（自分より）小さな獲物」ではなく「なんでも」食べる雑食だったから。

自分が食べることのできる（狩れる）植物や動物が限定的であれば、ひとつの環境変化で途端に危機に陥ります。コアラやパンダが手厚く保護されるようになったのは、愛玩したいと思わせる容姿とは別に、彼らの環境適応能力の低さ、言い換えれば偏食さにもその一因があるでしょう。

フリーランスは元来雑食性が高い人種ですが、それでも同じエリア、同じカテゴリー内での大小の差程度です。これまで自分の獲物になりえないと暗に思い込んでいたものが狩猟対象となれば、生存確率はさらに向上するのではないでしょうか。さらにそれがこれまで自分では狩れないと見向きもしていなかった、大きな獲物であればなおのこと。

加えて**「大きな獲物を狩れ」と言っていますが、それは「大きな存在（恐竜）になれ」という意味ではありません。**恐竜やマンモスに我々がなるのではなく、恐竜やマンモスを相手にしろということです。**そもそも圧倒的強者にはなりえないフリーランスは、図体が小さいほうが相変わらず有利**であることには変わりありません。

出力エネルギーは変わらないどころか減る

案件規模の大小で、かけるエネルギーは比例しないどころか、どんどん効率的になっていきます。そうであるなら、効率性と生産性とのバランスがいいポジションを選ぶほうが合理的です。

こう主張する背景には、僕自身コピーライターであることが強く関係しています。

コピーライターの本質的な仕事は優れたコンセプトを創造する（見つけ出す）ことですが、アウトプットとしては比較的短いセンテンスを書くことです。わずか数文字のこともあれば、千文字をやや超えることもあるとはいえ、せいぜいその程度。

では報酬はといえば、言うまでもなく「文字数」換算ではありません。依頼された案件の規模や重要度、影響度合いに左右されます。小さなイベントのためにＡ６サイズのフライヤーに載せるキャッチコピーと、新聞の一面広告に載せるキャッチコピーとでは、同じ文字数でも請求する額の違いは100倍どころの話ではありません。それだけ責任も成果も求められるわけですが、ではアウトプットの労力が100倍になるかというと、必ずしもその限りではない、というより比例しません。

ある中小企業のビジョンやミッションを言語化する依頼を受けたことがありました。最終的なアウトプットは、数文字のコピー（文章）です。期間は1カ月半ほどで、フィーは200万円前後でした。

それまでの関係性もあるため、この金額が妥当かどうかは別として、問題は他の2万円の依頼の100倍、20万円の案件の10倍の労力を要したのかということ。結論を言えばノーです。まったくそんなことはありません。

プロフェッショナルとして「手を抜く」という選択肢は基本的に存在しません。限られた条件のなかでベストを尽くすのは当然です（あなたも頷いてくれていることを願います）。それを踏まえて、普段の10倍の報酬だったとしても、かかるコストはせいぜい3倍か4倍ほどではないかと思います。仮に多く見積もって４倍だとしても、２・５倍の生産性です。これがもし１文字いくらのさらに小さな案件との比較であれば、何万倍どころの差ではありません。

コピーライターという仕事が特殊なんだ、という意見もあるでしょう。けれど付加価値の高い仕事であればあるほど、報酬の大きさに対してコストは確実に比例しません。ただアウトプットの相対的な価値が客観的に変化しているだけです。

そうであるならば、小さな獲物ばかりを追い求め、大きな獲物に目を向けない理由がどこにあるのでしょうか。

出すエネルギーは変わらない（それどころか相対的には大幅に減る）から。

これがマンモス狩りをすすめる理由の３つ目です。

不確かな未来だからこそ余裕を持てる狩りをする

さらに付け加えるとすれば、**未来が不確かだからこそ、1回の成功でしばらくの間余裕を持って暮らせるような狩りであることが望ましい**はずです。

グーグル日本法人で重要な役割を果たされた方のお話を、聞かせていただく機会が過去にありました。興味深い話ばかりだったのですが、なかでも印象に残っているのは3カ月先の計画までしか立てない、というものでした。理由は3カ月後でさえ、社会がどうなっているかわからないからだと。

対して典型的な日本の大企業は、今なお長期ビジョンや中期経営計画に重きを置いています。両者間の方針の違いから優劣を問いたいわけではなく、考えたいのはフリーランスの在り方として、どちらにメリットとアドバンテージがあるのかです。

フリーランスにとって、環境変化に呼応して即座に選択や決定、行動を変えられることは、間違いなく発揮すべき強みです。大きな獲物を狩る。そのための準備をしたり行動を起こす。けれど、それらは軽やかに行う。これこそフリーランスに与えられたアドバンテージではないでしょうか。

無計画、行きあたりばったりで良いという話ではありません。グーグルでもファイナンス（資金繰り）に関する計画は、当然３カ月単位などではなく長期で見ていたはずです。そういったキャッシュフローや研究開発といった「仕込み」は中長期的な視点で冷静に判断しながら、ゆとりを得られる大きな獲物に常に柔軟に変化しながら挑んでいく。

忘れないでください。**付加価値が高いということは、それだけ依頼主や世界に対するインパクトも大きい**ということ。社会貢献の面からも、高付加価値を追い求めることは正当化されます。

また、あなたがもし第１章で紹介した「ビジネスの４原則」を実践しているフリーランスであるならば、大きな獲物を狩ることはローリスク・ハイリターン。これまで考えていなかった、またはやり方がわからなかった以外の理由で、これを拒む理由がなにか見つかるでしょうか。

なぜギルドではなくパーティーか

似ているようでまったく違うギルドとパーティー

「ギルド」と「パーティー」を手元の辞書（新明解国語辞典 第七版）で引くと、次の説明があります。

・ギルド〔guild〕十～十五世紀ごろヨーロッパの都市に特に発達した、親方・職人・徒弟から成る商工業者の同業組合。

・パーティー〔party〕一緒に行く仲間。

ギルドのほうが上下関係のあるかたい集まりの感じで、パーティーはもっと気楽でフラットな関係のことか——と思われたなら、早合点です。重要なポイントはそこではありません。

師弟関係の有無も対等な関係性も、ここで伝えたいこと、つまり「なぜギルドではなくパーティーを組むべきか」の本質には関与しません。**ギルドとパーティーの最も重要な違い。それは「同業」であるか否かです。**ゆえに「ギルドではなくパーティーを組む」は言い換えれば「同業ではなく他業種同士で構成されたチームをつくる」ということ。

ではなぜ同業種ではなく他業種の相手に限定して組む必要があるのか。「デザイナーならデザイナー、靴職人なら靴職人同士で集まり、プロフェッショナル集団として認知されるほうが尖りがあり差別化になるのではないか」、そういった考えもあるかもしれません。

会社化するのであれば、一理あります。しかしフリーランスとして互いに雇用関係なく生きていこうと思うならば、同業種でギルドを結成する価値は切り捨てていいほど低いです。相談したいことがあれば、スポットで頼るなり応援を要請すれば済みますし、能力（領域）の大半が被っている以上、手が足りなくて作業を分ける以外に案件をシェアする理屈がありません。特定の専門家を複数人必要とする案件など、それこそ稀有なスペシャリスト集団企業に属していない限りまず相談がありませんし、リスクを考えるとクライアントもはじめから相応しい相手に依頼します。薄利多売でとにかく数をさばくため、というのであれば、なにが楽しくてフリーランスになったのかと思ってしまいます。

しかしそれよりなにより問題なのは、**発揮される能力の形態が変化しないこと**です。

能力の提供形式が、その時々で創造的に変容する。その結果、自分さえ知らなかった自分が求められる新たな市場が創造される。

このメリットを享受するには、**組み合わせ次第で無限の可能性を持つ他業種同士でパーティーを組むことが必須**です。同業種同士のギルドでは実現できません。

戦士×４で冒険に出かけるか？

対テクノロジー（ＡＩ）の項でもふれていますが、今後は単純作業や繰り返し、予測可能な労働は人類のものではなくなります。皮肉にも、テクノロジー（ＡＩ）を導入するほうがコスト高と考えられる、よほど生産価値の低い行為だけが——とてもそれだけでは暮らせないような単価で——人間の元に残る未来はもうそこまで来ています。

テクノロジー（ＡＩ）と戦うわけではありませんが、フリーランスとしてそれなりに豊かに生きることを望むのであれば、人間にしかできない高付加価値のアウトプットがなにか、常に考えつづける義務を負います。

ひとつの**ヒントは多様性**です。

せっかくメンバーを集めても、それぞれが発揮する能力の提供方法、やり方や生み出す価値がいつもと同じなら、そこに多様性はなく、本質的な意味でのリスクヘッジにはなっていません。

フリーランスがパーティーを組む意味は、それぞれの能力の提供形式が、その場その場、その時々で、ダイナミックに変化する、創造する価値の多様性にこそあります。

複雑な状況に対応し、複雑なニーズに応える。そのためのパーティーです。ですので、ドラゴンクエストを代表とするRPGで喩えた場合、「戦士」が4人いても仕方ありません。できることも、できないことも共通しているのは、メリットよりもデメリットが大きいのです。

また、仮に自分が「戦士」だった場合でも、他の仲間が「魔法使い・武道家・僧侶」の3人なのと「踊り子・盗賊・商人」の3人なのとでは、「戦士」である**あなたの役目や期待される動きも当然変わります。**

ゲームと違い、現実では常に同じパーティーで冒険しなければならない縛りはありません。そのため、信頼し合えることを大前提に、さまざまな構成のパーティーを組み、求められる結果に対して最適なメンバーで挑む。

むしろ、それこそが「フリーランス」であることの醍醐味です。

フリーランスの代えがたい醍醐味

話は逸れますが、フリーランスの醍醐味について補足しておきます。

長年フリーランスとして生きてきて、なにが一番の醍醐味だったかと振り返ると、間違いなく「明確なプロジェクト単位で生活が成り立っている」点です。

人生はそれ自体が膨大なプロジェクトの集合です。序章でも述べたように、仕事は人生の大半を占めるどころか、健康や家族、仲間など他の大事な要素を含めた全体の８分の１や10分の１に過ぎません。

それでも、現実に金銭から得られる自由は少なくありませんから、どうしても意識の大部分が向きがちです。

企業勤めの会社員とは異なり、フリーランスは基本的にプロジェクトに関する成果物が納品された際に報酬が発生します。どこで、誰と、どんなプロジェクトに、どう取り組むのか。

しかも、重要なプロジェクトほど、結集するのはプロフェッショナル同士で、報酬も、社会へのインパクトも大きくなります。終われば半強制的に解散です。

この面白さは、企業勤めの会社員ではそうそう味わえないように思います。ジョブ型雇用や有志団体の活動なども盛んになってきましたから、今後は企業内でもプロジェクト単位で働くことが一部可能になっていくかもしれません。そうなればそこにフリーランスとして参加できる枠の発生も期待されます。これまでにない価値を発揮する機会がより増えるかもしれません。

また、これは自分のフリーランスとしての段階にもよりますが、プロジェクトに対して**「呼ばれる側」である場合には、「呼ばれる人」かどうかが文字どおり生活を左右します。**

詳しくは別章で解説しますが、要するに**能力だけでなく「いい人」であることが求められる**のです。この事実も、プロジェクトの内容とは別に個人の人間的成長につながる面白さだと言えるかもしれません。

プロジェクトを通して人に出会い、成長の機会を得て、報酬を山分けし、なにより一生ものの仲間ができるかもしれない。

こうした醍醐味を味わうことなく、単純作業や繰り返し作業、インスタントな外注として、ただ食べるためにフリーランスを選択するのは、やむにやまれぬ事情があるにせよ、もったいないとしか言えません。

なぜ2人でも3人でも5人でもなく、４人なのか

本章の冒頭で書いたとおり、本書の主張は「フリーランス同士で４人パーティーを組み、全員が十分な報酬を得られる大きな案件（マンモス）を獲りにいけ」がすべてです。なぜネズミやウサギではなく「マンモス」を狩るのかの理由については、すでに述べました。

今度は数の理由、なぜ２人でも３人でも５人でもなく、４人なのかについて見ていきます。

結論を言えば、絶対に４人でなければならず、３人や５人は許されない、ということはありません。ベストなパーティー人数は増減します。それでも、経験上**４人構成は非常にバランスが良く、ミッションを遂行しやすい数**です。

まず、２人はパーティーとは呼べず相棒（バディー）の関係で、先に説いてきたパーティーのメリットを得るには少な過ぎます。「いつもの」仕事をするにはいいですが、新しい組み合わせによる変化・発展を望むのは困難です。

また業務において五分五分の関係は意外とコントロールが難しく、軋轢（あつれき）を生みやすくもあります。人はなかなか相手の苦労が見えず、おいしい場面ばかり目につきますから「自分のほうが」という思考に陥りがちです。そのため、余談ですが仮に対等な関係であったとしても、プロジェクト上は60対40や75対35など、配分やパワーバランスにはメリハリをつけ、一時的とはいえ都度関係性を明確にしておくほうが健全で長続きします。

次に３人は悪くない数字ですが、２と１に自然と分かれ仲間はずれが生まれやすくもあります。また、組み合わせによる複雑性を期待するには、もう一つ展開がほしい人数です。

他方５人になると、今度はコミュニケーション・コストが一気に高くなり、集まった際の個々人の発言量も低下します。議論が活発になるというより、話す人と話さない人で分断が起きがちな点でも注意が必要です。日程調整も煩雑になり、誰かやなにかを妥協する状況が頻発します。

僕個人のフリーランス人生を振り返っても、常に要所要所で４人パーティーを組み、重要なプロジェクトに取り組むことでステージが上がってきました。

はじめは大阪の京橋で、デザイナー、プログラマー、なんでも屋に僕を加えた４人で。次は兵庫の伊丹で営業マン、電気工事士、事務員と。名古屋ではマーケター、アシスタント、秘書に僕。そして今は講演家、ファシリテーター、プロジェクトマネージャーとの４人の他にも、ビデオグラファー、イベンター、法人向けプランナーに僕など、常に異質なメンバー構成で４人パーティーを結成しています。

これらのなかで僕は常にコピーライターでしたが、刹那的で多種多様な組み合わせだからこそ、すべてまるで違うプロジェクトになり、その度に自分の能力の新たな提供可能性と価値、世界の潜在ニーズに気づくことができてきました。

一流のペルソナ設定からみる多様性の本質とは

フリーランスのパーティーに多様性は不可欠ですが、ここで多様性の本質について整理しておきます。

企業でもダイバーシティーの重要性が叫ばれて久しいですが、極端な話、ただ性別や年齢、人種が違うことを多様性と呼んでいる場合も少なくありません。

デモグラフィック的な属性、国籍や性別、年齢、出身地、収入なども、差異を生む要素であることに違いありませんが、それらがイコールで多様性かといえば、甚だ疑問です。

仮に国籍がイギリス、日本、エジプト、ブラジルで、性別もまちまち、年齢も50代、40代、30代と異なる人たちが企業の役員だったとしても、彼ら／彼女らがいずれも両親の職業こそ違えど裕福な家庭のもとにイングランドに生まれ、ロンドンで育ち、全員がケンブリッジ大学の卒業生であったとすれば、そこに多様性があると果たして本当に言えるでしょうか。

それに比べれば、全員が同じ年齢、性別、出身で、服装もTシャツにジーンズだったとしても、ひとりは学生時代バンド活動にすべてを注ぎ、プロのミュージシャンになることを道半ばで諦めた人、ひとりはヒッピーカルチャーに共感し、フルーツ・ピッキングをしながらオーストラリアをヒッチハイクで旅した人、ひとりはトレーディングカードゲーム販売店でアルバイトをしながら大好きなアニメ考察のユーチューバーをしている人で構成されたグループのほうが、よほど多様性のある意見や議論が生まれると思います。

多様性は目に見える表面の違いではなく、目には見えない背景の違いから

もたらされます。

一般的には前述の説明で十分だとは思いますが、さらにもう一歩踏み込んで考えたいと思います。

デモグラフィックではなくバックボーンの違いから多様性を追求する、というアプローチは、いわば**個々人の「過去」に立脚します**。しかしこれでは半分です。

つまり、**「未来」側からも多様性は考える**ことができ、より本質的にはこちらのほうが重要だと認識しています。

コピーライティングにおいて「ペルソナ」設定をするとき、初心者は単純な統計情報に頼ろうとします。男性、30代、中小企業勤務、神奈川在住など。しかしこれではなにもわかりません。

勉強が進むと、ライフスタイルについて考えはじめます。休日はスターバックスに行き、Beatsのヘッドホンで米津玄師を聴きながら新作フラペチーノの写真をＳＮＳに投稿する――などなど。

しかし、本当に刺さるコピーを書こうと思うなら、問題にすべきはターゲットのライフスタイルでも、デモグラフィック・データでもありません。

最も考慮すべきは、彼ら／彼女らの、叶っていない、**本当はこうありたいと望む姿**（**と現在との落差**）です。

我々は見たいものを見ています。自分にとって重要なものだけが、認知フィルターをくぐり抜け認識されます。言い換えれば、自分を幸せにしてくれるもの、自分の幸せに関係しそうなものだけしか見えていません。

そうであるならば、**真の多様性とは「望む姿（未来）の違い」によってもたらされる**、ということになります。

ゆえに、**多様性のあるチームとは、実現させたい夢が多様なチーム**です。

そのうえで互いに互いの夢にリスペクトがあり、手を取り合える間柄であることが目指すべき理想像だといえます。格好をつけた言い方をすれば、それぞれが夢に向かう途中で一時的に（そして運命的に）団結し、夢の断片を叶え合う。それが僕のイデア的なパーティーの在り方です。

人生の黒幕たるキーパーソンを見極める

パーティーには多様性が必要であることは理解したとして、では具体的にどんなメンバーに参加を求めるかという問いが立ち上がります。

端的にこの質問に答えるならば、ずばりあなたの（フリーランス人生の）「キーパーソン」に加わってもらう、がその解です。

「六次の隔たり（Six Degrees of Separation）」という概念を一度は耳にしたことがあるかもしれません。すべての人や物事は6ステップ以内でつながっており、知り合いの知り合いといった関係を辿っていけば、世界中の誰にでも行き着くことができる、とする仮説です。

ロジックとしては、人には平均44人の知り合いがいるとされ、6人分の知り合いを掛け合わせれば44の6乗で72億5631万3856人。誰をスタートにしても6人を介せば世界人口をほぼ網羅できる、というもの。実際に実験やテレビなどの検証企画でも広く実証されています。

しかしながら、思考上で構わないので複数のパターンを想定してみるとわかることですが、「六次の隔たり」の真実は別にあります。

どういうことか。人には平均44人の知り合いがいるため、６乗すれば世界中の誰にでもアクセスできる――のではなく、知り合いを辿っていくと１人か２人必ず、**世界中に異様なネットワークを持つ外れ値のようなハブ的人間が存在する**、というのが真相です。

ただこの事実を知ったところで、だからなんだという話で終わってしまいます。そのため、ぜひ今から紹介するワークに取り組んでみてください。やり方は簡単です。

（1）今のあなたの人生に不可欠な人の名前を、できるだけ重要度の高い順に30人（可能な場合は100人）書き出してください

（2）書き出した名前の隣に、その人と出会うきっかけになった人の名前を書いてください（誰を経由したのか）

以上です。実際にワークを行えば実感できるはずですが、（2）で書き出す「重要な人との出会いのきっかけを生んだ人」の名前は、驚くほど偏りが生じます。わずか1人か2人が、自分の人生の重要な人脈の大半のハブになっている、ということはめずらしくもなんともありません。ただこれまで可視化されていなかった、意識されていなかっただけです。

言うまでもなく、彼、彼女が、あなたの人生の「キーパーソン」です。そして今後も引きつづき「キーパーソン」でありつづける確率が最も高い人物でもあります。

可能な限りその「キーパーソン」をあなたのフリーランス・パーティーに加えましょう。相手がフリーランスではなかったとしても、なんらかのプロジェクトを共にしつづけるべきです。

同時に、これまで意識されていなかったのであれば、あらためて彼、彼女に対し、精神的にも物質的にも礼を尽くすようにするべきです。とても金銭には換算できない恩恵を、人生に与えてくれている真の恩人なのですから。

領域一位のポジションは周りが教えてくれる

「刹那的な縁において、発揮される価値と役割が変化する」。フリーランスがパーティーを組む理由と意味は、究極的にはこの一言に集約されます。

ＡＩがカバーしない、人間ならではの高付加価値領域、それは過去を根拠とする最適化でも、統計的最適解でもなく、今このときという縁によって新たに創造される組み合わせの妙が生み出す価値です。そのときのパーティー、そのときのクライアント、そのときのニーズだからこそ生まれ得る、予定調和的ではない能力の提供形式や役割。

もちろん、そういった「瞬間」は多くはないでしょう。また、そこにニーズがあるとわかれば、またそれが自分たちの得意領域だと自覚されれば、今後は一般提供可能な「サービス」化されるかもしれません。

しかしながらそうやってヒット企画やサービスが誕生したとしても、それで永久に安泰とはなりません。金銭だけを目的とするならば、あるいは発展を必要としないかもしれませんが、先にも述べたとおり、フリーランスという生き方の醍醐味はプロジェクトのなかにあります。

新たな自分の貢献価値に気づくことで、次のプロジェクトがさらに進化する。叶えたい夢が進化する。そういった正のスパイラルに身を投じることを好ましく思えなくなり、変化を厭う気持ちが大きくなったとき、年齢とは無関係に老化が始まります。

また、前章で散々「領域一位」であろうとすることを強調してきましたが、多様性のあるメンバーと複数のパーティーを組む功利のひとつに、自分の領域一位を周囲が教えてくれる点も見逃せません。

人にはそれぞれ心理的な盲点や固有のフレームがあり、正確に物事を見たり把握することはどこまでいっても不可能です。自分自身に対する客観性は、保持できていると自信があるほど逆に疑わしくなります。

すべてが正しい意見ではないかもしれませんが、真摯な証言が多いほどそれらが交わる核（真相）は浮き彫りになるものです。まして、無関係の通行人に訊いているのではなく、それぞれが特定の分野のスペシャリストであり、プロフェッショナルな人間たちですから、自分にはなかった視点から、平凡だと捉えていた己の能力のオリジナリティや独自性の高い強み、世の中に貢献できる方向性が見えてきます。それもまた、プロジェクトという「動」のなかに共にいるからこそ、そしてそこで最大限価値を発揮しようとするからこそ、わかることです。

複数のメンバーと複数のパーティーを組むことが、フリーランスにとって最もリスクヘッジになる最後の理由に「営業」の問題があります。要するに、仕掛けは多いほどいい、という単純な話。けれども、話は単純でも事は非常に厄介です。なぜならば、とりわけ**技能型フリーランスは「構造上営業ができない」という致命的欠陥を抱えている**ためです。

はっきり言って、この問題を解決できるかどうかが、フリーランスとして幸せな人生を送ることができるかどうかを決定的に左右するといっても過言ではありません。また、会社員からフリーランスに転身したり、副業フリーランスから専業フリーランスを目指そうとする人が、最も理解できていない要諦ではないかと思います。

技能型フリーランスは構造上営業ができない

議論が必要以上に複雑化することを避けるため、ここでは「営業」の定義をストレートに「売ること」ないし「売り込むこと」とします。

技能型フリーランスという言葉が出てきましたが、読んで字の如く発揮する専門性が価値の主軸となるフリーランスだと理解してください。本書の想定読者も第一にはこの技能型フリーランスです。逆に技能型ではないフリーランスとはどういうタイプかといえば、専門性ではなく、単に契約形態の問題として、特定の一社と雇用関係になく、複数社と提携して一般業務をこなすフリーワーカーや、専門性よりも代行や利便性に対価が支払われる飲食物の配達員やタクシー運転手などが該当します。

先ほど「技能型フリーランスは構造上営業ができない」と述べました。平たく言えば「専門性を売りにする以上、売り込みはご法度である」ということです。なぜか。極例として「お願い営業」について考えてみましょう。「お願い営業」とは文字どおり「仕事をください」とお願いする営業活動です。一方がお願いをするということは、他方はお願いを聞いてあげる（かどうか選択する）ということ。必然的に両者間に上下関係が発生します。

フリーランスに限った話ではなく、付加価値が高い、ゆえに報酬が大きなプロジェクト（依頼）ほど、求められているのはスペシャリティです。フリーランスは個人ではなく、個人にリンクしたこのスペシャリティに期待され、発注されます。

そうであるならば、**スペシャリティを提供発揮する側が「仕事をさせてほしい」と願い出るのは、なんとも歪な状況だと言うほかありません。**経験上、そうして得られた案件では互いの立場が不安定になり、本来のパフォーマンスを出し切れないものです。

プロフェッショナルの自負があるのであれば、プロフェッショナルらしく、相応しい態度を貫徹し基本的に「お願い」はすべきではないと考えています。

また優秀な人が食うに困っているというのは、依頼者側にとっても直感に反します。**ゆえにお願いすればするほど、長期的には自分の首をさらに締める結果（負の印象づけ）になりかねません。**

そうは言っても、依頼がなければ困ります。だから4人で組むのです。そして**メンバー全体で自分とそして他の仲間の受注機能を担います**——このとき、先ほど解説した「キーパーソン」がいるかどうかで受注件数に大きな差が生じます。

要するに「誰かが」案件を持ってくればいい。4人いれば、確率は4倍です。そういったチームが3つあれば、なかで数人のメンバーが重複していたとしても、1人で活動する10倍近い受注期待が持てます。

全く科学的でも計画的でもありません。しかしながら、僕の知る限りこれが仕事に追われ過ぎず、人生のあらゆる面を楽しみ、精神的にも経済的にも豊かに生きているフリーランスの実情であり戦略です。

新しい切り口なのに〝実績〟がある強さ

「営業」行為を否定しているだけで、なにもしてはいけない、すべきではない、と言っているわけではありません。この点は認識を注意してください。「営業」ではなく「マーケティング」行為であれば問題ない、どころか、必要に応じて積極的に行うべきです。

「営業」とはシンプルに「売ること、売ろうとすること」だと定義しました。では「マーケティング」とはなにか。僕の本心では「分断された世界をつなぐこと」だと信じているのですが、この説明では抽象的過ぎて、ただの綺麗事に聞こえかねません。

そのため、通常説明する際にはよりプラグマティックに「説得する必要のない状況をつくり、説得する必要のない人を集める行為」だと言っています。

マーケティングには「市場の創造と市場の拡大」といった視点が重要であることも理解しています。それでも、フリーランスから中小企業程度の規模であれば、**マーケティングとは「説得する必要のない状況をつくり、説得する必要のない人を集める行為」である**、とあえて限定的に考えるほうが、具体的な戦略や戦術のアイデアを出す際に有用です。

「営業」はしない。けれど「マーケティング」はしっかり行う。そうして「お願いする」のではなく「お願いされる」状況を自ら生み出す。それが技能型フリーランスの心構えです。

もうひとつ、4人で組むことの相乗効果を記しておきます。

それは「**仲間と実績を共有できる**」ことです。

独特なプロフェッショナリティを保有する仲間と組むからこそ生まれる、他とは一線を画する切り口の提案や企画、ソリューションであるほど、クライアントの興味を惹き、インパクトを持ちますが、同時に「実績」がないことがネックとなります。

けれど、オリジナリティ溢れる提案だったとしても、基本は「新しい組み合わせ」であって、各要素はそれぞれ個人の能力に由来しています。そのため、パーツ分けすれば過去の実績を持ち出すことが可能です。

同じパーティーの仲間の誰かが大きな結果を出し、実績を得るほど、全体で企画できるスケールが拡大され、恩恵をシェアできる。プロジェクトが進化する。これがフリーランスがパーティーを組んで生きる、他ではなかなか味わえない面白さです。

最後に、失敗のパターンについても触れておきましょう。

せっかく能力ある４人でパーティーを組んだにも関わらず、うまくいかない。そのとき考えられる原因は主に２つです。

１つ目は、メンバーの誰も（高い）マーケティング機能を有していない場合。つまり能力はあっても案件がない状態。これはシンプルに力不足です。狩りが得意、獲物を見つけるのが得意なメンバーを最低１人は加えなければ成立しません。

問題は2つ目のパターン。それはパーティーを組んだことで気が大きくなり、それぞれの「能力の輪」から外れたことをしようとする場合。

能力を掛け合わせることで、できることは確実に増えます。狩れる獲物は間違いなく大きくなります。けれど、それはあくまでも個々が自分の「能力の輪」（第1章参照）の範囲内において、最高のパフォーマンスを発揮するからこそ。

「このメンバーならなんだってできる」と夢を大きくするのは悪いことではありません。ですが、可能性に目がくらんで客観性を欠き、誇大な妄想を追いかけるのは失敗の典型です。

それでも大金を稼ぎたいなら

経済的大成功を求めるなら報酬ではなく利益が必要

自分が止まれば、売上も止まる。

これがほとんどのフリーランスの抱える難題です。そしてこれは構造上の問題であるため、とにかく「量をこなす」などの気合いや根性で解決するものではありません。

ではなぜ、一般的なフリーランスが右記の問題に直面するのかといえば、**アウトプット形式が労働集約的であり、自身の能力の「提供」がソリューションとなっているため**です。それゆえ「提供」が止まれば、同時に「売上」も止まってしまいます。

ではどうすれば「自分が止まっても、売上が止まらない」のか。そのためのキーワードは「販売」です。

- 「提供」とは、自分の知識や経験、技術といった（問題解決）能力を、ソリューションとして納品すること。
- 「販売」とは、自分の知識や経験、技術といった（問題解決）能力を、複製可能な商品として納品すること。

一旦ここでは大雑把にそう定義してみましょう。技能型フリーランスとして活動していく第一歩目は、自身の能力やアウトプットの商品化であり、その大半は「提供商品」です。実績が積み上がってきたなら、さらに踏み出して「販売商品」に着手することができます。そうしなければ、いつまでも「自分が止まれば、売上も止まる」状態から抜け出すことはできません。そして文字どおり「桁違い」の大金を手にすることも難しいでしょう。

「いや、自分はいつまでもクリエイターやプレイヤーでいたいんだ」

という声もあるかもしれません。僕も同じ想いです。その場合でも、自分がクリエイターやプレイヤーとして出した一流のアウトプットを、複製可能な「販売商品」に仕立てる道はあります。

いずれにせよ、**直接的な能力の「提供」による報酬ではなく、間接的な能力の「販売」による利益を得る。それがマンパワーに依存せず、経済的〝大〟成功を収める道筋です。**

事実、僕の周囲でも国内中央値の10倍どころか１００倍の年収（年商ではなく）を得ている仲間は、例外なく経営者であり、商品の「販売」に成功した人です。フリーランスでそのスケールの存在は見当たらず、唯一の例外にベストセラー作家がいますが、彼ら／彼女らに再現性はなく、破格の報酬を安定的に得られているわけではありません。

もしあなたが現在フリーランスでありながら、なんらかの理由により年収で億以上の額を必要としているのであれば、「提供」から「販売」へと思考を切り替え、なおかつクリエイターやプレイヤーではなく、経営者になるべきだとアドバイスするでしょう（そうすることが幸福かどうかは考慮しないものとして）。

ただ、僕個人の見解としては、序章でも述べたとおりお金は必要を満たすかどうかが指標であり、闇雲に追求するよりも、人生の他の側面の充実をはかるほうが遥かに有意義だと思っています。

本当にやりたいことでない限り、特段「販売」に固執せず、「提供」の質を高めていけば、まずはいいのではないでしょうか。この先世界がどう変化するかはわかりませんので、将来意見が変わる可能性は大いにあります。けれど、自分の知識や経験、技術といった（問題解決）能力を、ソリューションとして直接的に納品する道を究めていく。それが大半のフリーランスにとって基本方針となるはずです。

一言付け加えておくならば、フリーランスの多面的成功には能力の他に、協力や応援が不可欠となります。そして必要以上の大金を求める人に、協力や応援が集まるかといえば、言わずもがなです。

第3章

フリーランスのレベル上げ基本戦略

ネズミ狩りからマンモス狩りに至る道のり

はじめからマンモス狩りができるわけではない

4人ないし複数人のパーティーを組んで、大きな獲物を仕留める。その行為はまさに「冒険」と同義です。舞台が野生味溢れる大陸や、勇者による魔王討伐が期待される世界から、現代のビジネス環境に置き換わったにすぎません。

そう考えると、フリーランスという一冒険者の振る舞い方、序盤から中盤にかけての戦略も見えてきます。

まず「パーティーを組んでマンモスを狩る」というゴールから逆算した場合、最低でも次の必要条件が発生します。

(A)メンバーを集ってパーティーを組む／どこかのパーティーに加わる
(B)所属するパーティーにマンモス狩りを達成する実力がある
(C)マンモス(狩りの機会)を見つける／遭遇する

これらはパーティー全体で満たすべき要件です。
個人に還元すると、次のようになります。

(A1)自身がパーティーで担う役割が明確かつ需要がある
(A2)必要なメンバーを集められる／存在を知られている
(B)マンモス狩りに期待される役割内において十分な実力がある
(C)マンモス狩りの構想力と提案力がある／依頼される知名度がある

それぞれの要諦を一言で表わすと「領域」「人脈」「能力」「案件創出力」です。

このうち、最後の「案件創出力」は自分以外のメンバーを頼ることが許されますが、残り３つは個人で解決すべき問題となります。

とはいえ、はじめからマンモス狩りは——そもそも挑むことさえ——できません。多少時間を要しても、先の必要条件を満たしていくことが求められます。フリーランスになった時点での実力値にもよりますが、通常はネズミ狩りから始めて、やがてマンモス狩りに至ることになるでしょう。

本章ではネズミ狩りからマンモス狩りに至るプロセスにおける戦略や方針、考えかたの一端を示していきます。

足手まといはいらない

物語における冒険と同様に、ビジネスの世界でも実力が不足するうちは、足手まといとして基本的に同行は許されません。18世紀に活躍したスコットランドの哲学者、トマス・リードが言ったとされる「鎖の強さは、最も弱い輪によって決まる」は、フリーランス同士のパーティーにも適用されます。

師弟関係にある場合を除き、フリーランスで構成されるチームに「勉強枠」

は存在しません。必要最低限、もしくはそれよりも少ない人数で行う「狩り」が基本。そのため、任せる役割がない人に声がかかることはないのです。

固定給で働く会社員であれば、経験の一環として、成長への糧として、足手まといになることを承知でメンバーに加入させられることもあるでしょう。それは会社本体、ないし構成員全体にとってその選択が長期的利益に結びつくという判断からです。

しかしながら、あくまでも個人の集合によって成立するフリーランスの世界では、そこまで面倒見が良い先輩はそういません。声をかけた本人がプロジェクトオーナーだったとしても、他メンバーが納得する説明ができなければ、パーティーの士気が下がるリスクを抱えることになります。

とにかく実践の場で経験を積みたいがために、無償でいい、鞄持ちでいい、という人もいるかもしれません。けれど、その論法が通用するのは相手が経営者ないしそれに準ずるプレイヤーの場合だけです。他のフリーランスに存在を知られ、必要な人員として声がかけられるようになるには、まずは１人で小さなクエストを達成し、レベルを上げていくほかありません。その過程で、フリーランスに求められる全体としての力と、パーティーのなかで担うべき特化した個性の双方を高めていく必要があります。

人がモノを買うのは「期待」によってです。より原理的には欲求を満たすためですが、しかしそれも「欲求を満たす」だろう「期待」が必ず働いています。

個人や企業が業務を依頼するのも、**プロジェクトオーナーが他のフリーランスにメンバーとして声をかけるのも、「期待」によってです。つまり「期待感」がモチベーションになっている。**これは非常に重要なポイントですので、憶えておいてください。

快楽ホルモンとも呼ばれるドーパミンが個体に行動を促すのは、快楽を「得た」からではなく、快楽が「得られるかもしれない」という期待感からであることがわかっています。パチンコやスロットといったギャンブル依存症患者の脳内でも、最もドーパミンが分泌されるのは「当たった」ときではなく「リーチ」のときだそうです。

あいつと組めば上手くいく、成功する、達成できる、儲かる——そういった期待感を纏(まと)えるようになることが、フリーランス初期の目標であり、実際に期待に応え、その期待感を維持しつづることが生涯の課題です。

フリーランスこそ積極的に社会の歯車になる

フリーランスを横目で見る人、フリーランスに憧れている人は、いいよね、やりたいことでお金が稼げて、と思っているかもしれません。確かに好きなこと、やりたいことが収入につながっており、それ自体は恵まれていると言えるでしょう。

けれど見逃されがちなのは、**十分な報酬を得ているフリーランスは、人並み以上に「社会の歯車」である**という事実です。

「社会の歯車」という言葉、一時ほど耳にしなくはなりましたが、使用される際はいつも否定的な意味合いです。「社会の歯車になんてなりたくない」

という台詞や歌詞からは、高度成長期の日本の風景、工場のライン生産者やドブネズミ色と揶揄(やゆ)されたグレースーツに日夜身をつつみ、満員電車に揺られる量産型サラリーマンの姿がイメージされます。人格のない機械のように、意志なく周囲に合わせて動かされ、すり減っていく。

確かにそんな生き方はごめんです。ただ僕はそうは捉えていません。それどころか「社会の歯車」であることは好ましい、むしろ積極的にそうなりたいとさえ願っています。

冷静に考えてみてください。「社会」という大きなシステムのなかに組み込まれず、他のどんなパーツとも噛み合わず、システムの外にある歯車。そこでどんなに(自分らしく)回ったところで、それを「空回り」と言わずしてなんでしょう。**単独で存在する歯車(部品)に、一体なんの価値があるのでしょうか。**

歯車というものは「機能」そのものです。社会で機能してこそ職業です。自信と誇りを持って生きられます。ありがたいことに、発揮する機能が他の誰かの問題を解決したり、必要を満たせば、金銭が得られます。僕自身、空回りして、なにをしても上手くいかなかったときは、それが理解できていませんでした。

ぜひ社会の重要な歯車になってください。ひとつ付け加えるならば、考慮すべきは「歯車」であるか否かではなく、**（歯車として）すり減るのかどうか。自力で回転するのか、外力によって回されるのか**です。

パレートの法則に従うならば、世の中の8割は木製のすり減る歯車で、2割がモーター付きのすり減らない鉄の歯車でしょうか。言うまでもなく、2割のモーター付きの鉄の歯車が社会を「回して」いる。そのように僕は空想しています。

どちらになるのかは資質や家柄ではなく、個人の選択と働きかけ――それに少なからず、運――の問題です。

望むなら本書が、あなたという歯車にモーターを付加するきっかけとなることを願っています。

ウェブサイトも、名刺も、チラシもいらない。フリーランスの始め方と跳ね方

結論：一番の広告はひとつ前の依頼

フリーランスとして独立したとき、まずなにをするか——。

一般解としてはウェブサイトを作成したり、名刺を印刷したり、チラシを撒いたり。つまり、一言で言えば「マーケティング・営業」活動です。

間違ってはいません。とにかく売上を立てることが最優先事項であり、必要十分以上のキャッシュが入ってきさえすれば、細かいことはどうとでもなります。「どんな業種業態でも、一にも二にもマーケティング」。起業や独立に関する名著にもそう書かれていますし、事実、そのとおりです。前章でも「フリーランスは営業するな、マーケティングをしろ」と書きました。この言葉も嘘ではありません。

けれど、僕も、僕の周りも、誰もそんな始め方はしませんでしたし、それでうまくいった人を正直知りません。僕も、僕の周りのうまくいっているフリーランスの人たちも、ウェブサイトさえないか、あっても申し訳程度に連絡先が記載されているだけ。チラシなんて見たことがありません。

では独立してから、**どうやって次々に依頼（プロジェクト）を得ていったのかといえば、矛盾するようですが、それは一つひとつのプロジェクトを達成することによって**です（ただしこれらは技能型フリーランスを対象としており、ネットショップを含む店舗型ビジネスや、名前や顔を伏せて行う「せどり」や転売のようなビジネスは想定しません）。

マーケティングはレベルが高い

芸人さんはまだ知名度も実績もない頃、どうやってオファーを受けるのでしょうか。仮にあなたがオファーする側だったなら、どのように声をかけますか。

まず間違いなく、その芸人さんの「ネタ」を見て決めるはずです。無名だろうが歴が浅かろうが、他所の劇場で見た「ネタ」が面白かったなら、ぜひ自分のところでも、となるでしょう。

フリーランスでも基本構造は同じです。我々の「ネタ」、つまり仕事ぶりを見て、ぜひうちもと声がかかります。要するに、アウトプットが先なのです。**アウトプットが先で、実力が伝わっているからこそ、相手は安心して（それなりに）大きな仕事でも任せようかという気になります。**

仕事ぶりを見ていないのにマーケティングで興味をそそっても、保証がないわけですから「じゃあ、とりあえずお試しで」という軽い依頼ばかりで、ステージが変わるような大きな案件にはつながりません。

すべてを自分で行う必要があるフリーランス初期は、案件獲得も無論自分で行わねばなりません。このときつい「マーケティングだ！」と考えてしまいがちですが、新米段階では、はっきり言って難易度が高いです。

前提として、**案件を依頼する側は、可能であれば「一番の人」にお願いしたいと思っています。**大事なことですのでよく理解しておいてください。支払いの都合や、時間や場所の制約も発生するわけですが、それでも理想は「一番の人」です。そこからどれだけ妥協できるかになります。

そして一般的に言われる「マーケティング活動」とは、「知らない人のなかで一番」になろうとする（そう思われるための）行為です。難しくて当然だと思いませんか。

マーケティングの3つのレベル

第２章ではマーケティングを「説得する必要のない状況をつくり、説得する必要のない人を集める行為」だと定義しました。意味する内容は変わりませんが、理解度を高めるために、ここでは便宜上マーケティングを「一、番の人と認知してもらう活動」だとして話を進めたいと思います。

理由は先ほど述べたとおり、誰しも「一番の人」に依頼したいと願っており、「一番の人」と認められる状況をつくり出せれば、相手を説得する労力は大幅に削減され、案件が受注される可能性が飛躍的に高まるはずだからです。

そう考えたなら、マーケティング活動は以下3つの段階にレベル分けすることができます。

（1）知り合いのなかで一番
（2）知り合いの、知り合いのなかで一番
（3）知らない人のなかで一番

意見が分かれるかもしれませんが、（1）が達成されていないなか、（3）に挑むのは無謀だと感じています。ゆえに、第1段階である（1）の「知り合いのなかで一番」さえクリアされていないのであれば、商品やサービス内容をさらに絞る、自分の（市場）価値を高めるなどして、目の届く範囲での一番になることをまずは考えねばなりません。それこそが（セルフ）ブランディングでもあります。

現実的には、最初は自分が見渡せる範囲の、「知り合い」からの依頼に応えるしかありません。しかしながら前述のとおり、ここでの「仕事ぶり（アウトプット）」こそが、より大きな案件への最大の広告であり、より大きなプロジェクトにつながる「ネタ」となります。

納品するのではなく伝説をつくる

仕事ぶりを見ることで、次の依頼が舞い込んできます。断言できますが、本当に、ほんとうに、みんな、見ているものです。

芸人さんの喩えに戻ると、たとえローカル番組であれ、伝説回（いわゆる神回）になれば世間はざわつきます。しかしそれは、１回では足りません。けれど、３回、伝説をつくることができれば、世界が変わる。世間の見る目が変わる。大好きな芸人、野性爆弾のくっきー！さんは、これを「三打席理論」

と名付けていました。

全打席「神回」にできるわけではないのは承知しています。けれど**意識のうえでは依頼を「納品」するのではなく、新たな「伝説をつくる」気持ちで挑みましょう。**

そのためには、よく言われることですが、期待どおりでは足りません。**期待を遥か超えるために、発揮できる価値を日々高めつづける必要があります。**それを苦労や努力ではなく、面白いと感じられる人が、フリーランスに向いているのかもしれません。


同じ技能型フリーランスでも、クリエイターではなく職人寄りの場合はどうか。美容師や左官職人、パティシエだったなら？　あるいは業務範囲が明確な税理士や弁護士、納品物が定義されているプログラマーだったなら？

それでも同じです。一人ひとりの顧客のなかでの「伝説」をつくることを目指します。それは「人生で最高の対応！」かもしれませんし、「こんなおいしいお菓子に素敵なメッセージ、生まれて初めて！」かもしれません。サービスの標準化は重要かもしれませんが、それも供給先（需要）あってのこと。それよりもまず、顧客にとって「あなたが一番」の実現が最優先です。

誰しも〝自己実現〟したい

誰しも「自己実現」したいと望んでいます。そして、誰しも「うまくいく人」と付き合いたいと願っています。この２つの心理は、同じ内容を違う角度から言っているに過ぎませんが、強調してもし足りないほど重要です。

世間を見渡せば、自分の欲求、煩悩を満たすために他人を利用してやろうとする人たちで溢れています。他者を自己実現の道具として使ってやろうと目論む人たちがそこかしこにいます。

逆を行ってください。**常に少数派であろうとしてください。それが大多数とは違う道を進もうとする人間の心構えであり、あるべき姿です。**

案件やプロジェクトを通じて、あなたが相手（依頼者）の自己実現を全力でサポートしましょう。それは「滅私奉公」や「利他の精神」とは違います。フリーランスはボランティアでも奴隷でもありません。プロフェッショナルな歯車です。職業的、経済的な成功を望むのは当然ですし、それらを満たすことに何の負い目も感じる必要はありません。

ただ、依頼やプロジェクトを任されたなら、任せてくれた相手の自己実現を第一に叶えます。そのなかで、自分の自己実現もいかに達成させられるかが腕の見せどころです。しかし何度も言いますが、自分の自己実現が先(優位)ではありません。あなたによって、相手の自己実現が成就する。それ以上の「広告効果」はないのです。

では仮に依頼主が企業で、担当者の望んでいることが出世だったならどうするか。どうもしません。彼ないし彼女が出世できるように全力を尽くします。けれどそれは無論依頼を通じてです。

担当者が出世するには、社内での評判を高め、信頼を集め、実力を示す必要があります。そのためには、目先のプロジェクトの成功が鍵を握ります。プロジェクトが社内で大きく評価されるには、社会的にも経済的にもインパクトを残し、関係者や対象者の問題を解消し、自己実現を支援しなければなりません。それが成されたなら、結果として、担当者は評価される可能性が高まります。

だから僕らは、プロフェッショナルな歯車として、全力でプロジェクトの成功を目指します。

ここまでの話を聞いて「自分はそういうタイプの職種ではない」と思った人（フリーランス）もいるかもしれません。

「伝説」になるような付加価値をつくることはできず、規則的な型にはまった商品やサービスを、同業者と同じように提供することしかできないと。

そういう方に対し、僕がなにか言えることがあるとすれば、「でもそれを選んだのはあなたですよね」ということだけです。

見習いフリーランスがマーケティングや営業より先にやるべきこと

空回りでうまくいかないのが標準

フリーランスには主に2つのスタート地点があります。

A地点：業界で10年近くのキャリアを積んで独立
B地点：経験や技術が乏しいなかで独立

僕はB地点からフリーランスを始めました。言ってしまえば「なにもないところからのスタート」です。だからこそ苦労したこと、学びになったことが多々あります。

ここでは主にB地点出発の見習いフリーランスに向けて、僕が実践のなかで見出していった「勝ちパターン」についてお伝えします（A地点スタートの場合でも、思うように軌道に乗っていないのであれば参考になるはずです)。

Ｂ地点からスタートしたフリーランス見習い。業界のベテランではなく、素人に毛が生えた、ただ「フリーランスとして生きていく！」と決意しただけの人は、まずどういった状態にあるのか。

人並み以上に独立心や向上心があり、勉強熱心な人が多いので、本を読んだり、セミナーに参加したり、多くのインプットを行っています。そのため、マーケティングやセルフ・ブランディングといった「こうすればうまくいく」ハウツーが大量に頭に詰め込まれているかもしれません。

しかしながら、実際にはそれらの知識が「あだ」となり、ほとんどの場合「空回り」します。動いても、動いても、なかなかうまくいかない。むしろ動くほど空回りして、どうしたらいいのかわからなくなっていく。視野が狭くなっていく――。

安心してください、それが「標準」です。

3つの「ない」が理由

なぜそのような残念な状態に陥ってしまうのか。原因は明確で、以下3つの「ない」のためです。

(1) 信用がない
(2) 実力がない
(3) 市場から求められていることがわからない

信用がないのも、実力がないのも、仕方ありません。信用厚いスペシャリストとして生を受ける人など、この世に誰一人としていないのですから。**問題は、信用も実力もないにもかかわらず、自分のやりたいことで稼ごうとする不遜さ**です。人生は自分のやりたいことだけすればいいと思っています。我慢や強制の非生産性はすでに述べてきたとおり。けれどそれと、お金が稼げるかどうかは別の問題として取り扱わなければいけません。

金銭価値（報酬）は需要と供給により決定される。中学生でも知っています。フリーランスとは、自分の好きなことをして稼ぐ人でも、特技を切り売りする人でもありません。**フリーランスとは、自分が社会に対して発揮できる機能を購入できるようにパッケージ化して届ける人**です。

「こうすれば売れる」といった読みも、マーケット感覚が養われる前のいわば妄想ですので、スタート時点ではまず当てになりません。

見方を変えれば、**市場が自分に求めていることが、わかるか、わからないか。それがフリーランスとしての成熟度のひとつの指標**と言えそうです。

「フリーランス」は英語では「Freelance」と書き、「Free（自由）」と「Lance（槍）」の意を含んでいます。語源的には、中世のイタリアやフランスの傭兵とされており、特定の君主に忠誠を誓うわけではなく、報酬次第でどちらにも加勢する存在。ゆえに「自由な槍」、「敵味方のどちらともまだ契約していない傭兵（戦力）」を意味する言葉として誕生したそうです。

ではあなたが依頼主側、兵士の力を求めている側だとしたら、どうでしょうか。どんな傭兵に声をかけ、どんな条件を出そうと思うでしょうか。「傭兵になったので、どんな小さな仕事でもいいのでください。なにか困ったことはないですか」と聞いて回っている傭兵と、「あいつに任せれば間違いない」と噂される頼りになりそうな傭兵。依頼したいのも、より高い報酬を提示するのも、間違いなく後者でしょう。

再三伝えていることですが、「営業」は逆効果になる場合が少なくありません。

フリーランスは「一個人」として契約を結ぶため、相手との関係性はデリケートです。下手（したて）に出ることで立場が生まれ、立場が生まれると「プロフェッショナル」としてではなく「便利屋」として、買い叩かれたり、無理を言われるリスクが増すことになります。

同レベル同盟ほど残念なことはない

さらに、軌道に乗る前に陥りやすい罠は、フリーランス見習い期間中に出会った、同じような境遇の相手とパーティーを組むことです。傷を舐め合うことで癒やしは得られるかもしれませんが、悪手です。おすすめしません。

実力がないうちは、自分より数段格上の相手の側にいることが鉄則です。実力がつき、自分だけで一馬力以上出せるようになったなら、同じような力かつ違う領域をカバーしている仲間と組むことがようやく意味を持ちます。そのため「組む」というのは、想像している以上に扱いが難しい「大技」です。「組む」「きまれば」インパクトは大きいですが、成立させるにはそれなりの経験値や知見が必要になります。白帯ではなかなか扱えないスキルです。

だからこそ地道にレベル上げを行い、最低でも一馬力、周囲からプロフェッショナルと認められる水準までは、自力で能力を磨くほかありません。

自己啓発系の本を読んでいると「なりたい人になったかのように振る舞う

ことで、やがてその人のようになれる」ないしそれに類する内容が書かれているものがあります。通称「As if（アズ・イフ）の法則」です。

目指す姿を想像し、それを達成したかのように生きる。このような姿勢自体は否定されるものではありません。

ただ「危うさ」もあります。自分の「基準」や「心地良さ」を変更するための手法と捉えるならば非常に有効ですが、自己暗示や「化粧」であるならば、傍からは「痛い人」だと見られるでしょう。

まして、フリーランスが生きるのはビジネスの世界です。**どれだけ自分の実力とはかけ離れた何者かとして「振る舞おう」が、歴戦の兵たち相手に見抜かれないわけがありません。**

実力がつくまでは〝応援者〟に専念する

世の中それほど甘くはありません。きちんと実力があり、信用できる人になることが、フリーランスに限らず王道です。近道はあっても、抜け道はありません。

では、実力も信用もなく、仲間もおらずパーティーを組めないうちは、どうすればいいのか。

僕の答えは、「応援」です。

憧れる人、尊敬する人、上り調子の人、そういった人を見つけ、その人のことを全力で応援する。側に行き、自分にできるサポートやギブを惜しげもなく行う。そうすることで「扉」が開きます。

なにをしても駄目なときは、誰かの応援をする。これが奈落の底から這い上がる秘策です。応援する相手は、人間として好きで、そして〝これから〟上り調子の人がベスト。極論を言えば、自分の関与（応援）なんてなくても、順調で上手くいきそうな人。

そうした人はすでに押し上げられていますから、さらに押すのにそれほど大きな力を要しません。けれど、そのひと押しでもっと飛躍します。

相手は、あなたがなにもしなくて100だとすると、あなたが10の応援をすれば、100が110ではなく120や130に化ける。つまりあなたの行動が、2倍3倍のインパクトを起こすアウトプットとなるわけです。

自分のことであればそうはいきません。とりわけ見習い期間は10の行動が10になることなどなく、よくて5や6、たいていは3や4程度にしかなりません。それを踏まえれば、行動対効果として5倍では済まないでしょう。

そうやって、**押し上げられている人を押し上げることで、自分も自然と引き上げられます。**歯車が嚙み合うようになってきます。

スタンフォード大学で認知心理学の博士号を取得し、リンクトインでバイスプレジデントだったエレン・リビーの次の言葉を嚙み締め、折に触れて思い返してください。

人間関係を構築する最悪のタイミングは、あなたがなにかを求めているときです。そうすると、関係構築ではなく取り引きになってしまいます。両者はまったく別物です。人間関係をつくる一番いい方法は、下心なしに誰かを助けることです。（ADAM BLUESTEIN, *The Most Connected Woman In Silicon Valley?*, FAST COMPANY, ※訳は筆者による）

いつまで〝応援者〟でいればいいのか？

見習いフリーランスはまず誰かに「惚れる」ことです。本気で。本心で。そしてその相手を応援します。全力で。見返りを求めずに。

では、どうやってそんな相手を見つければいいのかですが、答えはいろいろな人に会うことです。「どうやって恋をすればいいですか？」と訊かれても答えようがないように、そこに戦略や計画はありません。

日常のなかに存在するさまざまな偶然を、必然だと捉えられるかどうか。フリーランスのキャリアほど、まさに「計画的偶発性（プランド・ハプンスタンス）」の産物であるものはないと自分自身実感しています。

相手が見つかれば、「応援」させてもらうことを認めてもらわなければいけません。そのとき、**最も重要なのはあなたの人間性であり、本気で「惚れている」こと**です。

欲を言えば、あなたの専門（にしたい）分野で、最低限の応援や貢献ができる証明がほしいところ。

さて、晴れて「惚れた」ことを認めてもらったとしましょう。絶好調で上り調子の相手を応援できるようになりました。けれど、どうしてもある疑問が頭から離れないはずです。

いつまで「応援者」でいればいいのか？

応援して、それでお金になるのかと言われれば、ずばりなりません。お小遣い程度の謝礼を受け取ることはあるかもしれませんが、生活できるほどの金額は期待できません。

「それでは困る」と思うでしょうけれど、だからといって誰かを「応援」しなかったとしても、実力も信用もないうちは、結局のところ稼げる状態にはないわけですから同じことです。

「応援者」であることの目的は、応援を通じて肩に乗せてもらい、一緒に引き上げてもらうことにあります。そして応援するという具体的な活動を通じて、自分のスキルのどこに市場性があり、どんな貢献が喜ばれるのかといった、不足しているマーケット感覚と技術を磨くことです。

心配せずとも、本気で応援し、本気で相手を押し上げたなら、その功労者として、あなたの名前もきちんと見えない場所に刻まれています。見ている人は見ています。そして「自分も押し上げてほしい」という人が必ず現れます。今度は「応援」ではなく「依頼」として。

そうして、いつの間にか、「実力」と「信用」を手にしています。

それからも何も変わらない

最終的に、いつまで「応援」する側なのか。と思われるかもしれませんが、その問いは根本的に間違えています。

フリーランスとは、本質的に「応援者」です。

他の誰かの人生を、生活を、なんらかのかたちで応援ないし支援する存在です。それが求められていることであり、貢献できることであり、なにより嬉しいことなのです。

主張を一般化するために、あえてこれまで使用を避けてきた「仕事」という言葉を用いますが、僕の仕事はクライアントの達成したい目標を実現させせる企画を考え、言葉や文章によってそれを補助することです。ですが、自分が主役だと思ったことは一度もありません。誰かや、なにかを、応援するために――彼らの自己実現を叶えるために――書きつづけています。それが僕の仕事です。

もしそんな僕を主人公のように思う人がいたとしても、それは僕が応援者だからではないかと思います。

実力もなく、信用もなく、自由を求めてフリーランスになったばかりの人は、どうしても鼻息荒く、どうやって稼ごうかという（自分の）ことばかりに目が向きがちです。

言うまでもなく、受注して、お金を得るのは大事です。誰にだって守るべき生活があります。けれど直接的なアプローチが、必ずしも最短距離ではありません。

僕もそのことに気がつくまで、結構な時間を要しました。途中幾度となく幸運にも恵まれましたが、それでもきちんと実力と信用をつけ、経済的に不自由ない状態に至るまでにそれなりの時間がかかっています。
平坦ではない道のりでしたが、応援者になることで、その間も楽しく豊かに生きることができ、そして結果としてずいぶん近道させていただいたと思っています。

以上がフリーランス見習いの基本戦略です。次章は本章でお伝えした基本戦略を土台に、より具体的なフリーランスの戦術や考え方について解説していきます。

第4章

稼ぐフリーランスほど
仕事は１日２時間なわけ

質×スピードで量を実現する

個人におけるDXの鍵と戦略の基礎

２０１８年に経済産業省から「ＤＸレポート」が発表され、話題となりました。現在でもＤＸは国内企業だけでなく、行政を含むあらゆる領域における中心テーマに挙げられます。当然、我々フリーランスも無関係ではありません。

「ＤＸ」は「デジタル・トランスフォーメーション」の略称であり、同省では次のように定義しています。

「企業がビジネス環境の激しい変化に対応し、データとデジタル技術を活用して顧客や社会のニーズを基に、製品やサービス、ビジネスモデルを変革するとともに、業務プロセスや組織、企業文化・風土を変革し、競争上の優位性を確立すること」

よくまとめられていますが、ではどうすればいいのかという戦略や方針は一読しただけでは理解できません。

文は前半・中盤・後半で３つのメッセージから構成されており、余計な修飾語を排除し本質だけ抜き出すと、以下のように整理できます。

「データとデジタル技術を活用して、ビジネスモデルを変革するとともに、競争上の優位性を確立すること」

つまり、

⑴テクノロジーを駆使して

(2) 仕事のやり方を変え

(3) 勝てるポジションをとる

これが経済産業省の定義から見たＤＸの本質であり、ビジネス環境において我々がとるべき基本方針であると言えます。

原文の文末、ＤＸの目的に当たる「競争上の優位性を確立すること」について掘り下げて考えてみましょう。

ビジネス領域に限定した場でも、各企業間に優位性をもたらす因子はさまざまあります。なかでも「量」「質」「スピード」は業界を問わず共通する要素です。

量・質・スピードはこれまで基本的にトレード・オフ関係にありました。そのため、「量か質か」「質を取るかスピードを取るか」といった議論が問題となっていたわけです。

ＤＸとは「量×質×スピード」の実現です。相反すると考えられていたこれらの矛盾をいかに解消するか。それが事業規模の大小にかかわらず解を求めるべき課題となっています。

本章ではフリーランスにおけるＤＸ、すなわち個人規模での「量×質×スピード」実現に向けての方策を考えていきます。

量は質とスピードの追求によって得る

結論から言って、フリーランスが企業相手に「量」で勝負をかける、優位性を得ることはほぼ不可能です。

ではこの時点で先に掲げた「量×質×スピード」が絵空事になってしまうのかといえば、そうではありません。フリーランスにおいて「量」は「質×スピード」実現の結果として達成されるものであり、経済的にも制約的にも「量」を必要としないフリーランスでは、「質×スピード」の結果獲得される「量」

のインパクトで十分です。

高い質を発揮しながら対応や納品が速い――。こうした質とスピードの両立が、見習いフリーランスや中級フリーランスから、上級フリーランスになるための課題です。

端的に言えば、それらはテクノロジー活用と事前の仕込みによって成されるわけですが、この点については本章を通じて一つひとつ見ていくこととします。

その前に、一般に言われる「仕事の質が高い」とは、具体的にどういった状態なのかを考えてみましょう。

「質が高い」の類義表現に「価値が高い」があります。ビジネスの文脈で「価値が高い」と言う場合の「価値」は「付加価値」とほぼ同義です。けれども、それは必ずしもアウトプットの「質」を指してはいません。

では、「質が高い」とはどういうことか。デジタルカメラを例に考えてみましょう。

「質」は「画質」に置き換えます。画質が高い画像と画質が低い画像の違いは、「解像度」と「描画力」にあります。

「解像度」とは「ビットマップ画像における画素の密度を示す数値」を意味しますが、簡単に表現すれば、同じ面積がどれだけ細かく分割されているのか、画像を表現する格子の細かさのことです。解像度が高いほど滑らかになり、解像度が低いと粗くがたがたになります。

もうひとつは「描画力」。分割されたドットやピクセルの一つひとつが、どれだけ鮮明に埋められているのかだと考えてください。

そうすると、画質が高いとは「解像度が高く」「描画力が高い」ことになります。カメラにおいて、解像度の高さとは内蔵されている「センサーの良さ」であり、描画力の高さとは各メーカーの「技術力の高さ」です。

センサーがいいことを〝センスがいい〟と言う

つまり「質が高い」とは細やかな部分（ディテール）まで目が行き届くほど「センサーが良く」、細部まで丁寧に仕上げられるほど「技術力が高い」ということ。

ちなみに、「センサー（sensor）」の語源は「感じる」という意味の「sens／sent」であり、まさに「センス」です。「センサーがいい」人のことを、我々は「センスがいい」と称しているのです。

ただ、いくらセンサーが良くとも、描画力（＝技術）が伴っていなければ、当然ながら質は高くなりません。

映画界のレジェンド、世界の黒澤明も、次のように語っています。

おもしろい話しましょうか、絵ってねえ、たとえばセザンヌでも誰でも長いことかかって絵を描いてるでしょ？　下手な絵描きっていうのはす

「質」が高いとは

ぐ絵ってできちゃうんだよ。あんなには描いてはいられないんですよ。ということはねえ、あの人達が見てるものを僕達は見てないわけ、あの人達が見えてるものは違うんですよ。だからあんだけ一生懸命描いてるんですよね。自分に本当に見えてるものを本当に出そうと思って。僕達にはじつに浅はかなものしか見えてないからすぐにできちゃうわけ。（『黒澤明、宮崎駿、北野武――日本の三人の演出家』、ロッキング・オン）

では、「仕事の質が高い」とは「センサーが良く」「描画力がある」ことだとわかったところで、我々がやるべきことはなにか。どちらの能力から高めていけばいいのでしょうか。

答えは、「センサー」です。

優先すべきは〝センサーの良さ〟

そもそもセンサーが良くなければ、どのような描画力を磨けばいいかがわかりませんし、逆にセンサーが良くなれば、描画力の必要性は自ずと見えてきます。

それでは、どうすればセンサーを磨けるのか。それには2つの方法と1つの資質がポイントとなります。

センサーを磨く方法の1つ目は「**他の人の質の高い仕事を体験する**」ことです。他の人の仕事の質の高さは、そもそも自分のセンサーが良くなければわからない――というパラドクスはありますが、それでも質の高い仕事にふれるほど、センサーは磨かれていきます。

おいしい料理を食べていると、自然に舌は肥えるものです。そうした経験が多いほど、いざ自分が料理を作る側になったときに、「違い」や「不足」を感じられます。

センサーを磨く方法の２つ目は、「**好きで仕方がないことを（職業に）する**」ことです。そのことばかり考えてしまうような、なんでもかんでも関連付けてしまうような、超高感度のアンテナを張っておく。それにはやはり「好きなこと」が一番であり、そうでなければ困難です。

残念ながら、センサーを磨く「魔法」はありません。紹介した方法はどちらもひどく常識的です。だからこそ「間違いない」と確信しています。

では、センサーを磨く「資質」とはなにか。才能や資質といった言葉は、安易に使用したくはないのですが、自分自身を省みて断言できることがあります。それは、「**満足の水準が低いものは資質がない**」ということです。

成長するのは満足と不満足を繰り返すから

中学生時代、フォークソング・ブームの真っ只中でした。ゆず、19、コブクロといった路上ライブ出身ミュージシャンがブレイクし始めていた頃です。人生で初めて買ったCDはゆずの名曲、『いつか』や『からっぽ』、『サヨナラバス』が収録されたアルバム『ゆずえん』でした。

見事に影響を受けた僕はお年玉を握りしめ、三木楽器でモーリスのアコースティック・ギターを買い、学校をサボって一日中、親に怒られるまで練習に明け暮れました。そのかいあってみるみる上達し、『サヨナラバス』や『夏色』を、ハーモニカも吹きながら弾き語りできるようになりました。

その後はどうなったのか。今度は頭や背中でくるくる回る姿に魅せられて、ブレイクダンスを始めました。ギターにはそれなりに満足したからです。

語学でも、料理でも、スポーツでもそう。**満足する水準まで到達すれば、そこから成長はみるみる鈍化します。**

僕のギターの例で言えば、他の仲間より早く弾けるようになったので、センス（センサー）は良かったのかもしれません。しかし「ギターを演奏する」ことに対する満足度の水準が低かったため、すぐに成長（描画力／技術）は止まってしまいました。

対照的に、コピーライターを名乗る以前から20年近く文章を書きつづけているのは、なにを書くかということについての、僕の満足の水準が高いからだと思います。

満足の水準が高いからといって、いついかなるときも満足しないわけではありません。あくまでも、他には代えがたい満足が――瞬間的にせよ――得られるからこそ、継続しています。

ただし、すぐにまた不満がやってきます。**まだまだいける、もっとできると信じる姿勢が、成長意欲を促しつづけるのです。**

センサー×満足の4つの領域

先程は「センサー」と「描画力」を四象限にまとめましたが、今度は「センサー」と「満足度の水準」で分けてみましょう。

僕のギターは、センサーは良かったけれど、満足度の水準が低かったため「器用領域」です。「鈍感領域」は基本的に興味のない対象です。他人が「え、どうしてそれ？」と思う鞄や帽子でも、ファッションに興味のない人にとってはどうでもいいわけです。

反対に満足度の水準ばかり高く、センサーが鈍いと「なんだかわからないけど、嫌。気に入らない」と不満がち（不満領域）になります（センサーが悪い自分自身が最も不満でもあり――）。

センサーが良く、満足度の水準も高い場所が「追求領域」です。

職種を問わず**「追求領域」に居座り、そこで自分なりの質を高めつづける。**

センサー×満足の4つの領域

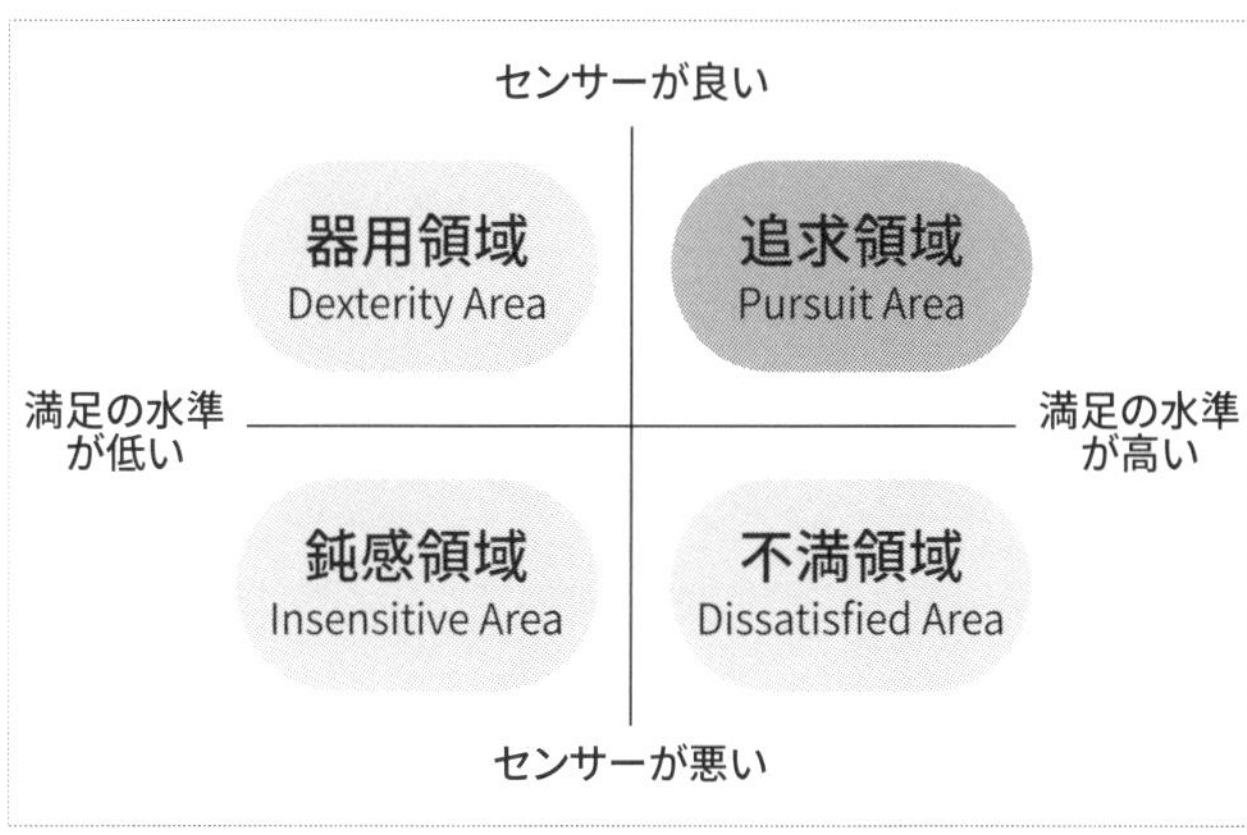

それが経済面だけでなく、幸福の観点からもベストではないかと感じています。

行動経済学という分野を確立し、ノーベル経済学賞を受賞したダニエル・カーネマンは「プロスペクト理論」を提唱しました。それは乱暴に言えば「人の幸福を左右するのは『変化（量）』であって、『絶対（量）』ではない」というものです。

そして、**この世界で最大の「変化」とは「自分自身の変化」**以外にありません。こんなことができるようになった、こんなことがわかるようになった、時間はかかったけど、ここまで来た――そうした変化こそ、一時的ではなく、こころの底から湧き上がるような、充実した幸福感をもたらしてくれます。

そのためには、**いつまでも飽くことない追求が不可欠**です。「追求領域」に身を置き、満足度の水準を日々高め、センサーを磨き、腕を鍛える。それがビジネスにおける質を高めるだけでなく、僕やあなたの人生の質も、間違いなく高めてくれるでしょう。

クオリティの高い人は密かに〝3つの書〟を磨き上げている

プロフェッショナルと非プロフェッショナルの差

素人と玄人、アマチュアとプロフェッショナルの差はどこにあるのか。知識や経験、技術などの違いが反射的に思い浮かびますが、それらを踏まえて次の３つの要素が肝ではないかと考えています。

(1) 基準が違う
(2) 手順が違う
(3) 対応が違う

ある分野のプロフェッショナルは、そうではない人とは異なる基準を有しています。そして、いかに始め、いかに進め、いかに終わらせるのかという手順を確立していきます。加えて、経験から無数のパターンを認識し、最適な対応を選択し遂行していきます。

要するに、自身のなかのプロフェッショナル性を向上させていきたければ、「基準力・手順力・対応力」の3つの力の獲得が指針となります。

では、これらはどのように管理すればいいのでしょうか。

先に述べた3つの力を、固有の知恵として言語化したものは、次のように呼ばれます。

(1) 基準書=チェックリスト
(2) 手順書=レシピ
(3) 対応書=マニュアル

1つ以上の項目に対し、内容を満たせば(あるいは満たさなければ)一定水準以上の質が担保されることを保証するものが「チェックリスト(基準書)」

です。

「レシピ（手順書）」は、どの順番でどのように行えば、質の確保と再現が可能かを説いたもの。「マニュアル（対応書）」とは、期待される結果が得られるように個別の事象への対処方法を示したものです。

現実にはマニュアル内にチェックリストとレシピが含まれていたり、チェックリストの一部がマニュアルを参照したり、レシピ内にチェックリストが存在したりと、入れ子構造をなしていることもめずらしくありません。けれど、**基本的にはこれら「３つの書」によってクオリティは管理されます。**

スタッフの技術と経験に依存しない運営を実現させなければならないチェーン店などでは、業務に関する「チェックリスト」「レシピ」「マニュアル」それ自体が資産であり、企業秘密化しているとも言えます。

クリエイティブをルーティン化する

不特定多数のアルバイトやパートを雇用することのない、身一つのフリーランスにおいても、「3つの書」がクオリティ・マネジメントに効果的であることは変わりません。

むしろ「3つの書」を意識的に管理し、日々磨き上げていくことこそが、大きな差を生み出す要因にもなります。経験は確かに重要です。けれどそこに向上心と、繰り返す行動を常に新鮮にする問いがなければ、成長は想像以上に早く鈍り、止まります。

マニュアルだのチェックリストだの言うと、仕事から感性が削ぎ落とされる、仕事がつまらない作業と化す、といった反論をする人がいますが、誤解しています。感性や創造性をむしろ発揮するために、つまり、効率化できないものに力を注ぐためにこそ、一定以上のクオリティ担保を約束する「3つの書」は存在し、活用されるべきものなのです。

習得したひとつの技術や知識だけで、生涯食べていける時代ではありません。専門性を深めるだけでなく、分野を横断し、領域を拡大し、さらに付加価値を創造する必要性が高まっています。

そのためにも、アウトプットの「質」と「スピード」を同時に高める「３つの書」の作成とアップデートが肝要なのです。

僕は自身をクリエイターだとは認識していますが、アーティストだとは捉えていません（ビジネス領域においては）。クリエイターとアーティストの違いを語ることは本書の領分を超えるため行いませんが、一般感覚としてアーティストの方がアウトプット内の「感性」の比率が高い印象があるのではないでしょうか。

クリエイターにおいても「感性」は重要なキーワードに違いありませんが、同時にビジネスパーソンとしての「再現性」も求められます。ゆえにアウトプット内での「感性」が占める割合は必然的に低下し、差分を技術と論理が埋めることとなります。

前述の「3つの書」があれば、クリエイティブはポジティブな意味でルーティン化されます。同時に、人に教える、人に頼ることも可能です。

そうした結果、及第点以上のクオリティを担保できる保証と自信が、こころに余裕とゆとりを生み出します。さらなる向上（爆発）を求めてクリエイティビティの発揮に時間と労力をかける手助けをしてくれるのです。

“3つの書”を鍛え上げるために学ぶ

本や人から学んだり、経験から教訓を得たり、新たなアイデアが出たとき、通常一定期間経てば自分からふっと抜け忘れてしまうものですが、「3つの書」を作成していれば、それらを都度バージョンアップしていくことができます。

僕自身、専門分野に関する本を読んだり、他分野から気づきがあった際には、それを「3つの書」のアップデートに使用できないか、組み込めないかと考え、日々変更を反映させていっています。

こうした小さな蓄積がスピードを高めながら、質も高めてくれるのです。

ぜひあなたも基準書（チェックリスト）、手順書（レシピ）、対応書（マニュアル）の「３つの書」を意識的に用意し、充実させ、磨き上げることで、依頼に対するアウトプットのクオリティとスピードがどう高まるか、検証してみてはいかがでしょうか。

繰り返しになりますが、プロフェッショナルは基準が違います。手順が、対応が違います。それらを記した「３つの書」は、アウトプットだけに留まらず、我々個人の人間的成長や向上に寄与するものです。

そして、**「３つの書」はクリエイティビティを阻害するものでは決してありません。クリエイティビティを発揮させるための叡智であり武器です。**

自身の知恵と技術、経験といったデータをふんだんに盛り込んだ「３つの書」は、「競争上の優位性を確立」するために大いに役立ってくれます。

未知に対する初速度こそフリーランスの強み

スピードは武器ではなく最低条件

これまで主に「質」について述べてきましたが、次は中心テーマを「スピード」に移してみましょう。

ビジネスにおいて「スピード」はなにを意味するのか。日本語の漢字に表されるように「速い」と「早い」が存在し、前者はある動作や行為の開始から完了までの速度について。後者は想定される起点や基準と比較した場合の差を指しています。

先に紹介した「3つの書」を駆使することで得られるスピードは、主として「速さ」でした。今度は「早さ」について見ていきます。

「早さ」は相対的ですから、ビジネスにおいて「仕事が早い」とは、クライアントが想定する期限よりも、あるいは競合他社と比較して「先」である、ということになります。

とはいえ仮に相手の要求に対して即「できません」とNOを提示したところで、それを指して「仕事が早い」とは認識されません。あくまでも、相手を満足させる行動、つまり、ビジネスやプロジェクトの局面を前進させるアクションの速度、それが周囲や予測よりも「先」であるとき、「スピードが早い」という称号を得ることが叶います。

このとき、「早さ」の対象となるものはおおよそ次の３つです。

（1）返答までの時間が早い
（2）取りかかるまでの時間が早い
（3）完了までの時間が早い

ただし、（１）の「返答までの時間が早い」は解釈に注意が必要です。**メールやチャットといった日常的なコミュニケーションについて、レスポンスは**

速いに越したことはありません。けれど、個人的にはそこで生まれるかもしれない（わずかな）価値は放棄していいと思っています。

本書の趣旨である「マンモス狩り」は、対個人ではなく対法人戦略です。「連絡は可能な限りすぐ返さなければいけない」と捉えていると――ことフリーランスにおいては経験上間違いなく――、得るものより失うものが多くなります。急を要する不測の事態を除き、基本的には常識の範囲内から逸脱していなければ極端に不利に働く足枷にはなりません。

ただ一方で、初回提案や可否判断、提供可能なソリューションの提示などは多少「スピード」を意識したい場面です。なぜならより重要な（2）及び（3）の早さに関わってくるからです。

スタートからゴールテープを切るまでのタイム

小回りが利く。フリーランスの持つその優位性は、改めて認識されるべきものです。

いかにテクノロジーの恩恵に与(あずか)れるようになったとはいえ、フリーランスや個人規模のビジネスが、既知（ルーティン化された業務）に対する処理速度（＝速さ）で企業には絶対に敵いません。費用面でも到底敵わないでしょう。例えばアマゾンでワンクリックで注文した商品が梱包され、発送されるまでの速さと競うのは馬鹿げています（余談ですが、ワンクリック注文は長らくアマゾンが保有する特許であり、ビジネスモデル特許の先駆けとも言われていました。アップルは特許使用料を支払い、iTunesでの楽曲購入などに対してワンクリック注文を可能にしていましたが、数年前に特許の期限切れを迎えたため、現在ではあらゆるショッピングサイトで利用可能となっています）。

しかし、未知に対しては話は別です。

未知に対する初速度の早さでは、我々フリーランスにも分があります。無論、フリーランスが扱える規模の未知への対応に限定されるという条件付きではありますが、それで十分であり制約にはなりません。

フリーランスがなぜ未知に対する初速度において、企業に競争上の優位性を持てるのかを説明する前に、どうして企業やある程度以上の組織では未知へのアプローチが「遅く」なるのか、そのメカニズムを考察してみましょう。あえて遠回りすることで、我々が絶対に避けなければならない落し穴を理解することができるようになります。このメカニズムは初速度、すなわち（2）の「取りかかるまでの時間」に関してだけでなく、（3）の「完了までの時間」についても言えることです。

ビジネスに限らず、**実生活でも「早い人」は、取りかかるまでのスピードが早い人です。**遅い人は頭の回転や手先の動作より、圧倒的に取りかかるのが遅い人です。「速さ」はそのうえで成り立つ要素ですから、兎にも角にも、取りかかるまでの時間が早い「仕事の早い人（できる人）」を目指すことをおすすめします。

では、未知に対する企業の初速度の遅さの原因について見ていきましょう。

企業には〝無能フィルター〟が存在する

結論から言います。フリーランスがなぜ企業よりも未知に対する初速度でアドバンテージがあるのか。それは「**無能フィルター」を通さないから**です。企業がなぜ未知に対する初速度でフリーランスに遅れをとるのか。それは「無能フィルター」を通すからです。

第１章で「組織に所属すると誰でもいつかは無能になる」という話をしたのを憶えているでしょうか。階層が存在する組織では、そもそも（その組織が求める能力において）無能な人は出世することがなく、現在のポジションで無能として業務を行います。一方、有能な人は昇進を繰り返し階層を上っていきますが、いつかは職責を果たせない無能レベルに到達し、そのポジションで無能として働くことになります。ゆえに、やがてすべてのポストは、無能な人間によって占められることになる。それが「ピーターの法則」でした。

組織は大きくなるほど、リスクとマネジメントの問題から、責任と権限が階層化されていきます。その結果、未知の物事に挑戦する場合には、どこかで無能な人（上司）のフィルター（判断や承認）を通過することとなり、よく理解しないままに責任だけを見て反対されるか、保留にされることが常です。そうなれば当然「遅く」なります。

それに加え、癒着やブラックボックス化、マンネリ化の回避策として、そのポストに対する逸材であったとしても、一定期間でローテーションさせられることが常ですから、優秀だったマネジメントもやはりどこかで無能化してしまいます。

フリーランスの強みは責任やリスクを自己判断で抱えられることです。ビジネスとは根本的に経済活動であり、ゆえに「責任をとる」という場合、本来行われるべきは当人が金銭的損失を負うということです。しかし現実には、自身が発生させた損失に対して会社員が身銭を切ることはありません。フリーランスにおいても法人化している場合、厳密には法人と本人とで責任の所在は異なりますが、事実上ほぼ同一の存在として運営されています。フリーランスの「早さ」は、リスクや覚悟のうえに成立しているものであり、それらがない、もしくは判断ができない場合には、当然スピードも失われるのです。

そのため、フリーランスは日頃から、自分のとれるリスクと責任の上限について、よくよく理解しておく必要があります。具体的なアイデアとしては、「失敗」と「破滅」に関する判断基準を設けることです。

失敗条件と破滅条件を整理する

成功やプロフェッショナルに関する格言には、必ずといっていいほど「失敗」という語が登場します。最も身近なものに「失敗は成功のもと」がありますが、他にもウディ・アレンの「もし、時々失敗することがないのであれば、それはあなたがあまり革新的なことをしていない証拠だ」。ニールス・ボーアの「専門家とはきわめて限定された分野において、あらゆる失敗を重ねてきた人間のことである」といった力強い言葉があり、新しいものごとに挑戦する勇気を与えてくれます。同様の言説は無数にありますが、共通するのは失敗を必要なプロセス、恐れることのない対象として表現する点です。

しかしながら注意したいのは、これらはどれも「失敗」について語っているのであり、決して「破滅」を指してはいない、ということ。

破滅とは「その存在が成り立たなくなること」です。失敗とは「目的が達成されないこと」です。

失敗は許容されますが、破滅は絶対に避けなければいけません（あなたが刺激中毒で波瀾万丈な人生を渇望していない限り）。

破滅を避けるには、破滅を定義する必要があります。破滅を定義しなければ、失敗ができません。失敗ができなければ、挑戦ができません。挑戦ができなければ、成長も発展もないのです。

逆の見方をすれば、破滅しない限り、挑戦できるということ。

もう一度言います。失敗とは「目的が達成されないこと」であり、挑戦や探求する人生にとって、それは行動に対する税のようについてまわるものです。偉人と称される人物たちは、金銭だけでなく、失敗という税も誰よりも多分に払ってきたからこそ、その地位にいます。**失敗が日常風景になっている人ほど、挑戦のハードルが低く、挑戦のハードルが低い人ほど、それだけ機会や成果にも恵まれるのです。**

破滅は「その存在が成り立たなくなること」ですが、要するにそれは「終わり」です。終わってはいけません。他者の成功譚では、あの賭けに負けていたら終わって（破滅して）いた、という転機が頻繁に描かれます。けれど、その物語の背後には、表舞台に上がらなかった無数の破滅者の屍があると見るべきです。

破滅しない限りやり直せます。フリーランスとしての成長も、成功も、幾多の失敗の先にあるもの。ですが、それはあくまでも「破滅を避けて」こそ成立する話であることを忘れるべきではありません。

大きなリスクを伴う挑戦や決断に迫られたとき、想定される最悪の結果でも破滅には至らないのであれば、大丈夫です。ただし、存在そのものが危うくなり、最悪ビジネスの世界から——より最悪には人生から——退場を余儀なくされるほどのリスクを含むのであれば、避けるべきです。

その判断が冷静に、迅速に、できるようになれば、企業の「無能フィルター」を通す判断とは比較にならない「早さ」が手に入ります。

ここまで（2）の「取りかかるまでの時間」の早さに関する内容でした。続いて（3）の「完了までの時間」の早め方について考えていきましょう。

質を落とさずアウトプットのスピードが爆速な人がやっていること

情報率と物理率で考える

アウトプットには、物理的アウトプットと情報的アウトプットがあります。具体と抽象と変換いただいても構いません。明確にどちらと分けられるものではなく、どちらの濃度が高いかというグラデーションです。

例えば、僕のような「書く」というアウトプットの場合、発生する金銭の99・99パーセント以上はキーボードをタイプする指の物理運動ではなく、その行為の結果書かれた文章という情報部分に支払われています。

そのため、アウトプットの物理部分、タイピング速度もある程度までは重要ですが、一定スピード以上になればそこから先は大して関係ありません。

いかに書かれる情報内容に価値があるかだけが問題になります。その他の職種でもおよそ似たような状況ではないかと思います。

アウトプットの「スピード」を、「物理（具体）」部分と「情報（抽象）」部分とに分けて考えてみると、物理（具体）アウトプットの速度は、単純に習熟しているかどうかです。

伝統工芸や編み物などの職人は、精確に、美しく、そして驚くほどの速さで手先を動かします。動作そのものに習熟しているからです。彼ら／彼女らの生成する価値の大半も、やはり生み出された品々の情報部分に与えられるわけですが、完成までの工数が数えられる行為に依存している以上、物理（具体）アウトプットの速度にも重きが置かれます。

しかし、現代ビジネスの大多数のアウトプットで求められるのは、こうした物理スピードよりも、情報スピードです。

では、情報（抽象）アウトプットのスピードを高めるためにはどうすればいいのか。頭の回転を速くすればいいのでしょうか。それよりも、もっと合理的で単純な方法があります。

「処理済み」であればいいわけです。

すでにやったことがある、すでに考えたことがある、すでに準備が終わっているものであったなら、秒でアウトプット可能です。これが答えです。

爆速な人もすべてに爆速ではない

僕の周囲を見渡しても、質が高いアウトプットを爆速で生み出すクリエイターやフリーランスは、十中八九、ある時期に圧倒的な量のインプットをしていたり、常日頃からテーマを持って研究や実験をしていたり、あるいは膨大な経験値を持っていたりする人です。

なかでもいっとう爆速な人は、自分の過去のアウトプットとインプットのデータベースを見事に整理しています。

極端に言えば、彼ら／彼女らは**仕事を依頼されたとき、一生懸命にゼロからアウトプットするというより、抽斗（ひきだし）からさっと取り出すようなことをしているのです。**

物理的な限界はあるものの、プロフェッショナルになるほど期待されるアウトプットの情報率は高まりますから、スピードの差は雲泥です。

しかしながら、彼ら／彼女らも、あらゆる面で爆速なわけではありません。同一人物か疑いたくなるほど、とても遅い場合があります。それは第１章で解説した、自分の「能力の輪」の外に出たときです。守備範囲外のことをやると、スピードは著しく低下します。

だからこそ「能力の輪を出ない」ことは、爆速アウトプットの決定的な重要条件なのです。能力の輪を出てしまうと、ボトルネックだらけになるだけでなく、どこがボトルネックなのかの判断さえ利かなくなります。

抽斗のなかに使えるものがほとんどない、まったく新しい取り組みや挑戦の場合にも、人並みに時間を要することは言うまでもありません。

デザイナーやプログラマーのように働く

ここまでの話は次の「爆速３原則」としてまとめられます。

（1）過去のアウトプットをストックする
（2）日頃からマイテーマを深める
（3）能力の輪の外のことはしない

それぞれについて、メリットとデメリットを含めさらに考えを深めていきましょう。

優秀なデザイナーやプログラマーの仕事を側で見ていると、当たり前のように「前の仕事でつくったキラキラ（素材）があったはず」「この部分のコードはテンプレ化している」といった具合に、過去のアウトプットを流用しています。「流用」というとネガティブに聞こえるかもしれませんが、「時間」と「予算」という制約のなか、期待を上回る成果を出すために、過去の質の高いアウトプットと現在のアウトプットを掛け合わせているのです。
シャンパーニュ（特にノン・ヴィンテージ）の製造でも、常にクオリティを一定以上に保つ（高める）ために、過去の成果物であるリザーブワイン（ブレンド用にとっておいた過去のワイン）を使用しており、これにより量か質かではなく、量と質の実現を果たしています。

企画書や提案書を頻繁に書くのであれば、テンプレートの流用や共通部分の転用はしているでしょう。それもスピードを早めるひとつではありますが、クオリティが高まらないのであれば、時短以上の意味はありません。

重要なのは、**流用するアウトプットが「コンテンツ」そのものではなく、過去に自身の脳から絞り出した「思考（の産物）」であり、なんらかの仮説に対する自分なりの「結論」であること。**

情報率の高い仕事において、最もインパクトがあり、最も時間を要するのが、この「思考」部分であるためです。

脳が千切れるほど考えて出した、あるいはふと閃いたアイデアや概念を、いつでも引き出せるようにストックしておく。これこそが爆速で質の高いアウトプットを出しつづける鍵なのです。

マイテーマのすすめ

職業とする領域は、言わば「ジャンル」です。僕であれば主にコピーライティングであり、ジャンルの知識を深めたいと思えば、書店で「コピーライティング」の棚に向かいます。書店は基本的に「ジャンル」で整理、棚分けされているからです。

では自身のジャンルの知恵や経験だけ積めば、一流になれるのかといえば、そうとは思えません。プロフェッショナルが自分の属する領域について、網羅的な知識を有していることは必要条件であり、そこから頭一つ二つ抜きん出るには、ジャンルとは別に不可欠な要素があります。それが「テーマ」です。テーマとは疑問や仮説、追求したい研究対象を指します。例えばコピーライターという職業（ジャンル）に求められる基本機能に、言葉の力によって目的を達成する、人を動かす、が挙げられます。ただし、それだけでは独自性はありません。数多存在する同業者のなかから、**あなたをあなたたらしめるものこそが、独自のテーマ、つまり「マイテーマ」**です。

僕の場合、「どうすれば思考の次元が高められるのか」「行動の優先順位はどのように流動的に変化するのか」「読書の本質とはなにか・本はいかに読むべきか」など複数のマイテーマを持っています。

これらの問いの答えやヒントを書籍から得ようとした場合、書店で立ち寄る棚は多種多様です。読書対象はジャンルを横断し、示唆が得られるのであれば、むしろ興味に任せてなんでもよくなり、その結果、他の人（同業者）にはない視点から新たな着想、つまり価値を生み出す確率が高まります。同じ本を読んでいた場合でも、マイテーマを持っているかどうかで、目に留まるポイントや吸収率はまるで変わるのです。

日頃からマイテーマの探求をライフワークとして考察や発見をストックし、

アウトプット時に使えそうなエッセンスを加える。そうすることで、時間をかけずにアウトプットの質を高め、あなた独自のカラーを付与することができる。仮に話半分だとしても、取り組まない手はないと思いませんか。

予想されるあなたの言い訳

アウトプットした思考をいつでも引き出せるようにストックし、テーマを普段から深める。そのうえで欠かせない最後のパーツが、「能力の輪を出ない」です。

「能力の輪」とは、自分のポケットの中身くらい熟知している範囲。あえて年数を言うなら10年以上従事している領域です。おそらく普段のあなたへの依頼は能力の輪のなかで行われているでしょう。ですが、フリーランスは「なんでも屋」が多いため、意識してそこから出ないことは、強調してもし足りないほど重要です。

一歩出ると、途端にスピードのコントロールが利かなくなります。落とし穴だらけの道を、真っ暗闇のなか歩くような状態に。時間をかけて能力の輪を拡大するのも大切ですが、問題は輪の大きさではなく、あくまでも輪の内側に集中すること、そこでオリジナリティを発揮することです。

これまでの話を再度要約すれば、過去のアウトプットをストックし、マイテーマを持ち、能力の輪から出ない。非常にシンプルですが、もしかすると「時間がかかりそう」「なにをマイテーマにすればいいかわからない」「能力の輪が大切なのはわかるけど、仕事を断るのは恐い」などと感じている方もいるかもしれません。

フリーランスとして駆け出しで精一杯のときほど、そう思ってしまう気持ちは理解できます。アウトプットをストックするには時間が必要ですし、なにがいいテーマなのか、自分らしいテーマなのかもわからない。なにより、貴重な依頼を断るという機会損失は、収入が十分でないときには、おいそれとできるものではありません。

けれど、それでも、おすすめします。時間がかかるということは、将来それ以上のリターンを期待する投資です。テーマも仮で構いません。**苦手な（能力外の）依頼を受けるほうが、長期的にはさらなる損失を招いてしまう可能性が高い**のです。

スピードに関する話をしてきました。「速さ」をフリーランスが獲得すべき重要な武器であるという主張に嘘偽りはありません。けれどそのうえで、言いたいことがあります。

時間がかかることを武器にしろ。

とりわけ「マンモス狩り」で付け焼き刃は通用しません。「速さ」というアドバンテージを得ることにより、時間のかかることに取り組む。そこまでが戦略としてセットです。

本章の最後はその話をしたいと思います。

稼ぐフリーランスほど仕事は1日2時間なわけ

結局はベーコンを持ち帰ったかどうか

世間一般のフリーランスの印象やイメージは——自由そうだけど、実際は一日中仕事をしていて、時給にすればアルバイトと大差ないのではないか。朝起きて、こだわりのコーヒーを淹れながらiPadでメッセージやSNSをチェックして、ずっとＭａｃをかたかたやっている。家にいるのに飽きたらスターバックスに行き、閉店までＭａｃをかたかたやっている……。

業種にもよりますが、そうしたフリーランス像は、あながち間違ってはいません。けれど、僕の知っている「稼ぐフリーランス」は、いわゆる「仕事」は1日2時間しかしていません。僕自身もそうです。

「それはもうフリーランスとして成功したからでしょう」と思われるかもしれ

ません。けれどそれは逆です。フリーランスの仕事は1日2～3時間にしなければまずいのです。ここがなかなか理解されていません。

ここでは狭義として「仕事」を「労働」と同義の「お金を稼ぐための活動」と捉えることにします。そうした場合、フリーランスにおける「仕事」とは、単なるアウトプットを意味するわけではありません。

請求書を発行できるアウトプットだけが「仕事」です。

その他の、メールに返事をするだの、見積書を送るだの、企画書をつくるだの、打ち合わせをするだのは、あくまでも「仕事」を円滑にするためのメンテナンス業務や間接業務であり、「仕事」そのものではありません。

何時間メールを返そうが、企画を練ろうが、打ち合わせを重ねようが、請求書を出せなければ、「稼ぐ」ことはなにもしていないのと同じです。狩猟時代でいえば、結局獲物はなにも持ち帰っていないのです。

時間を3色に分ける

フリーランスとしてまだ見習いだった頃、僕は毎日の活動を3種類に色分けすることで見える化していました。

（青）インプット
（緑）マネジメント
（赤）アウトプット

未来の予定ではなく、過去の記録として、手帳やデジタルカレンダーの一日の各時間を、大雑把で構わないので色分けしていきます。資料の整理やスケジュールの確認／管理をしていた時間は「マネジメント」で「緑」。業務の幅を広げたり、質を高めるために勉強していた時間は「インプット」で「青」。具体的に納品物を制作していた時間はアウトプットで「赤」色に。

そうすると、朝から晩まで――もしくは夕方から朝まで――真っ赤になるということは、基本的にないことがわかります（納品前に稀にあったとしても、平常運転ではありません）。

会社という場所は基本的にチーム活動です。フリーランスほど明確に給料と業務結果が紐付いていません。大半は間接部門で間接業務をこなし、役職者になるとマネジメントが主要業務になります。そういった働き方に慣れた人がフリーランスに転向すると、**真面目に長時間「仕事をしている（つもりだ）けど稼げない」状態に陥りがちです。**

しかしながら原因は明白で、10時間パソコンの前に座っていようが、12時間資料や企画書を作成していようが、「請求書が発行できること」をやっていないのです。

忙しいと安心して、暇だと不安になる人がいます。しかしフリーランスにとってそんなことはどうでも良いのです。「稼ぐ」という観点に限った話をすれば、重要なのは今日（もしくは今月）請求書を出せたかどうか。その枚数や金額に、安心したり不安になったりしなければいけません。

〝仕事〟時間をいかに生み出すか

先に紹介した、時間の色分けをするとなにがいいのかといえば、実際に「お金を稼いでいる時間」が可視化されることです（欠点は、ブログなどの記事を書いたり、作品づくりをしたりする時間に、該当する色がないこと）。

フリーランスは依頼を完遂するためのアウトプットの傍ら、インプットはもちろんメンテナンスも基本的にすべて自分で行わなければいけません。それらを踏まえると、肝心の「仕事」そのものは、1日に2時間もすれば十分に食べていける設計であることが理想です。

なぜなら、フリーランスは積極的に学習や技能向上、研究開発、その他の自主活動を日々積み上げていき、創造できる付加価値を高めなければ、いつまでもラットレースを降りられない――マンモス狩りに参加できない――からです。

「仕事」は大切ですが、**人生には他にもたくさんの大切なものがあります。**

それらを切り捨てず大切にするには、余裕をもって大きな獲物を狩るしかありません。そしてそのためには、それができるだけの自分まで成長する以外にないのです。**だから「仕事」ばかりしているのも駄目**なのです。

フリーランスとして独立したはいいものの、まだ請求書を出せる「仕事」が満足にない。そういう場合には、なにをすれば「(請求書を出せる) 仕事」につながったか、という行動を探り、そのアクションをＫＰＩにします（ひたすら繰り返す）。

間違っても「忙しいから大丈夫」と思ってはいけません。むしろ「仕事」をしていないのに忙しいのは最悪です。思いつくことはみんなやり、「仕事」をつくっていかねばなりません。

そして「仕事」については、１日２時間もすれば十分に食べていけるようなビジネスを目指します。まだ難しいのなら、インプット時間を増やし、付加価値を高め、どうすればそれが実現できるかに集中すべきです。

打ち合わせも、メールの返信も、資料づくりも、それらがなければ「仕事」

につながらないかもしれません。けれどそれらは「（まだ）仕事ではない」ことは、理解しておくべきではないかと思います。

ビラブルアワーに染まってはいけない

勘違いしてはいけないのは、請求書を発行できなければ「仕事」ではないとは言いましたが、請求書を発行できる時間比率を増やせだとか、請求書を発行できない時間は無駄だ、と言いたいわけではは一切ありません。

英紙ガーディアンで心理学に関する人気コラムを毎週執筆しているライターのオリバー・バークマンの著書『限りある時間の使い方』のなかに、とても示唆深い指摘があるので引用してみましょう。

カトリック法学者のキャスリーン・カヴェニーによると、高給取りの企業弁護士は往々にして不幸である理由は、ビラブルアワー（請求可能な時間）という慣習にある。企業弁護士の報酬は実際に仕事をした時間で決まるので、ビラブルアワー、つまり金になる時間を増やさなくてはならない。自分の時間を、言い換えれば自分自身を、１時間単位でできるだけ多く売るということだ。売れない１時間は、すなわち無駄な１時間となる。だから、弁護士が家族との夕食や子どもの発表会に現れない場合、それは文字通り「忙しすぎる」からとはかぎらない。金にならない活動に自分の時間を使う意味がわからなくなっているのかもしれない。

「ビラブルアワーの価値観に染まった弁護士は、商品としてしか時間の意味を理解できなくなり、それ以外の活動に参加することに価値を感じられなくなります」とカヴェニーは言う。報酬を請求できないことに時間を費やすのは、弁護士にとっては、お金をドブに捨てるようなものなのだ。いやひょっとしたら、そう感じるのは弁護士だけではないかもしれない。僕たちも実は、自分で思っている以上に、そういう価値観に染

まっていないだろうか。（オリバー・バークマン『限りある時間の使い方』かんき出版）

僕が伝えたかったのは、「仕事っぽいこと」を何時間やろうが、仕事そのものを完遂させなければ、社会になんら価値が生み出されていない。仕事に関連することに長時間取り組むことに満足をして、仕事をした気になってはいけない、ということ。「お金にならない時間には意味がないなどとは一言も言っていないことは、再度強調しておきます。

序章でバランスホイールの話をしました。人生で重要なことはお金を稼ぐことだけでも、家族や友人との時間だけでもありません。大事なことはいくつもあり、それらすべての充足を目指してこそ、バランスのいい、満たされた生活が実現されます。

その意味において、「仕事」ばかりしているのは問題です。けれど望んでそれを行っている人もいます。本章の最後は、この点をクリアにしましょう。

あらためて〝労働〟と〝職業〟について

労働とは「必要なお金を得るための活動」です。

職業とは「社会において果たしたい機能や役割」です。

この両方を混同した言葉が一般に使用される「仕事」です。フリーランスは、「労働」と「職業」が曖昧に混ざりあった状態を生きているのが実状ではないかと思います。そのため、本章ではあえて曖昧な「仕事」という用語を使ってきました。

お金は必要です。しかしそれは、人生の他の重要なもののために必要なわけであり、それ単体で、あるいは際限なく求める対象ではありません。その意味においては、自身の「やりがい」や「使命」とは無関係に、最も効率的な方法で獲得すればいいと割り切ることになんの問題もありません（もちろん倫理的に正しい手段であれば）。

他方、職業においては、市場価値（金銭的報酬）よりも、自分がどう社会と関わっていたいのか、どんな役割を果たしたいのか、なにを遺したいのかが重視されます。

「職業」中心に生きたとき、収入が足りないどころか、場合によってはお金が出ていくばかりということもあるでしょう。けれどそれがあなたの選択した「職業」であるのなら、悲観することはありません。

不幸は、「職業」で「労働」を賄おうとする、ましてお金持ちになろうとするから起こるのです。

稼ぐフリーランスの仕事（お金を生むアウトプット）は、1日2時間程度で、むしろそのようにビジネスをデザインすべきだと述べてきました。しかし現実問題として、お客さんの髪を切る美容師や、自慢の料理を提供する料理人、カフェオーナーなどは、一日中アウトプット（仕事）の場に居つづけなければいけません。

もしそれを「労働」として行っており、それでもなお必要な金銭が不足するのであれば、考える必要があるでしょう。けれど、**満足に食べられていて、好きで（貢献や役割、つまり職業として）「仕事」に何時間も費やしているのは、なんの問題もありませんし、素敵なことです。**

とりわけ技能系フリーランスの恵まれている点は、「職業」として選んだ社会における自分の役割や機能が、直接的金銭につながりやすいこと、つまり「労働」の役割も担う可能性が極めて高いことにあります。

フリーランスとして大成していくと、「仕事」と呼ばれるものから「労働」の比率が下がっていき、「職業」中心に生きることができるようになっていく。それでいてお金のために働く必要のない、経済的に不自由ない状態になれる（大金持ちになるかどうかは、本人の必要性の問題ですが）。

その事実が、僕にはとても幸せなことに感じられます。

この章では、アウトプットの質とスピードの両立を実現することで量を補う、をテーマに比較的テクニカルな内容を扱ってきました。

その目的のひとつは、「労働」としての「仕事」を早く終わらせられるようになることです。

もうひとつは、生まれる余剰時間をつかって自身のバリューを高め、（労働比率が極めて低い）職業人としての恵まれた人生を生きられるようになることです。

なんだ、結局「労働」と「職業」をごっちゃに「仕事」を語っているじゃないか、と思われたかもしれません。強調したいのは、本来分けて考えるべきそれらをフリーランスは同時に扱うことができ、「職業」が極まっていくことが「労働」を取り込むことになり、やがて「労働」を不要にする可能性がとても高い、という点です。

これは素晴らしいことで、それに気づいてほしかったという思いがあります。そして、それを達成する王道が、自分のプロフェッショナルに集中し、価値を最大限発揮できる「パーティーでのマンモス狩り」なのです。

第5章

死なれては
困る人を生きる

ひとりで気楽には生きられない

気兼ねなく自由にやりたいからフリーランスになったのに

弱者の生き残り戦略の基本は群れることです。とはいえ、イワシやヌーが群れる目的とは異なります。つまり、他の誰かを犠牲にすることで生き残りを図るのではありません。我々フリーランスが群れるのは、変化に対応するためであり、多様性を獲得するためです。

ペイパルマフィアのひとりであり、リンクトイン創業者のリード・ホフマンによると、チームの成功要因を探るマサチューセッツ工科大学のデボラ・アンコナ等の研究では、次のような指摘があると言います。

イノベーション、実用化、そして実行が不可欠な環境において成功を大きく左右するのは、担当チームがどのように部外者と付き合うかである。
（リード・ホフマン、ベン・カスノーカ、クリス・イェ『ALLIANCE――人と企業が信頼で結ばれる新しい雇用』ダイヤモンド社）

これは企業内の商品開発やスタートアップチームに限ったものではありません。社内外を問わず、ビジネス上のすべてのプロジェクトチームが傾聴すべき事実です。

また、動物は物理的に群れますが、人が群れるのは必ずしも肉体的にではありません。そのため、複数の群れに同時に居ることができます。フリーランスにとっては群れの構成人数も多いほどいいわけではなく、自分を含めて４人のパーティーを複数持つ合理性を、本書では説いてきました。

達成できないことはなにもない。適切な人と組みさえすれば。

創業当時から今まで、常に僕のこころのなかにある言葉です。そして15年以上フリーランスとして活動してきて、この言葉が本当であることを実感しています。ビジネスの成功も、人生の充実も、究極的には「誰と群れるか」です。それは仕事の職業的側面においても変わりません。

自分を魚だと思い込んでいたら、なんの疑問もなく水中にしか居場所を求めようとはしません。けれど仲間が手を引いてくれることにより、恐る恐る陸に上ってみると、意外と生きていける、むしろもっとうまくやっていけることを知ったりします。別の仲間は木の上につれていき、そこでも自分の力を発揮できることを教えてくれたりします。そうなれば、次は沼だと言われても、わかりましたとひとりで楽々向かえるようになっています。

違う場所で生きていける可能性を、客観的な視点から見出してくれる。その結果、ビジネス的に生き残れる確率が高まるだけでなく、出会うことのなかった人に出会い、経験することのなかった経験をする。新しい夢や希望を得たり、目標を見つけたり、かけがえのない存在とかけがえのない時間を共有する。そういった、思いもしなかった（本当にほしかった）ものを気づけば手にしている——。これらは、ひとりでは叶えきれません。

前提として、僕らには視野の限界があり、見えていないものが必ずあります。「気兼ねなく、自由でいたいからフリーランスとして生きていきたい」、そう考える人のほうが、フリーランスを目指すなかでは多数派かもしれません。僕自身、ひとり部屋にこもって、本を読んだり、文章を書いたりしている時間が好きです。

けれど、経験上フリーランスとして「ひとり」で気楽に生きていくのは、かなり難易度が高いです。そして実際には、**パーティーの仲間がいるほうが、ずっと何倍も、気楽に生きていける**ことに気がつきます。

ひとりで生きない。

その覚悟をぜひしてほしいと思います。

特殊な技能だから誰かと組むのは難しい

本書もいよいよ終盤ですが、ここまで読み進めるなかで、「言いたいことはわかるけれど、自分は特殊な技能だから、他の誰かと組んで仕事をするのは難しい」と落胆している人もいるかもしれません。

もしその特殊性ゆえに、競争にさらされない守られた場にいるのであれば、そしてそれで十分な報酬が得られているのであれば、無理してやり方を変える必要はないでしょう。

けれど、本書を手にしている時点で、十中八九そうではないはずです。

確かに汎用性が低く感じられ、他領域の相手と組むことのハードルが高い業種もあるかもしれません。仮にそうであるならば、現実にはなおのこと、パーティーを組む意味が高まります。応用範囲の狭い特殊な能力であるほど、環境変動の影響を受けやすく、他領域にシフトするのが困難です。

またポジティブに特殊性という特徴を捉えたならば、パーティーに他では見られないような独自性を加味させる働きが期待されます。ただし、仲間を集めたり、メンバーとして加入したりする難易度は高いでしょうから、最低限、自身の能力とは別に、企画力やプレゼンテーション力は高めておかなければいけないでしょう。

それでもやはり、組むのは難しそうだという場合、その役割を「職業」として選んだのであれば、稼ぐ道は別で見出したほうが良さそうです。そうではなく「労働」として行っているのであれば、固執しているのは自分自身ですから、割り切って違う能力を身につけたほうがいいと思います。

加速していた時代は終わり、統計的にも世界はあらゆる面でゆるやかに減速していっています。この先はもっと「わかりやすい時代」になっていくかもしれません。それでも、十分にニーズは複雑化していますし、いつどんな大きなビジネス環境の変化があるかもわかりません。

そんな時代に、それでもなお、ひとりで生き抜くことを選びますか？

死なれては困る人を生きる

フリーランスにおいて「最強の人」とは、力でどんな相手でもねじ伏せられる、生殺与奪の権を握る人物などではなく、他者や外部からいかなる影響も受けず、数百年に一度の恐慌や災害、時代やマーケットの変化にあっても、最後まで死なない（立っている）人です。

では、どんな環境変化があってもびくともせず、死なない人とはどんな人物か。突き詰めればそれは、**周囲がなんとしても「死なせない人」**です。誰よりも死なれては困る人、と言い換えてもいいでしょう。

最後は、人と人、人間同士ですから、相手に対する好意、**「あの人にいてはしい」という人間的魅力や人間性の良さが問題**です。シンプルに言えば「いいひと」かどうか。

どうぞ、いいひとを生きてください。それがフリーランスにおける合理的で効果的な生存戦略です。なにより、互いが「死なせまい」とするコミュニティを持つことこそ、現代の豊かさではないでしょうか。

補足として、能動的にネットワークを拡げようとする際のポイントをお伝えしておきます。

なにも考えずに、ただ人脈を増やそうとすると、自分の現状に一致する人が集まってきます。そういう人に声をかけてしまいます。でもそれではなににもなりません。なにも変わりません。

まず（職業における）ゴールを決めましょう。こんな人たちと、こんな人生を送りたいというイメージを持ち、その実現に相応しい人とつながれるよう意識します。

おのずと格上の相手になるはずです。相手は自分に興味がないかもしれません。いいえ、その可能性が高いでしょう。

では、どうするか。

その発想が、未来（と素晴らしい人脈）をつくっていきます。

15年フリーランスをしている僕が秘密にしていたモチベーション戦略

モチベーションの本質

「モチベーションがないときは、どうしたらいいですか？」

「メンバーのモチベーションを高める方法はありませんか？」

企業向けに講演させていただくと、必ずといっていいほどこうした質問を受けます。考えられる理由は次の2つです。

（1）仕事（の成果）には「モチベーションが重要」だと思っている

（2）モチベーションをコントロールできない（もしくは、モチベーションがない）

YouTubeで動画を観るのに、モチベーションは必要ありません。勉強をほったらかして漫画を読んだり、SNSを徘徊するのにもモチベーションは必要ありません。

モチベーションとは「エネルギー」であり、エネルギーは生きている人間なら誰にでもあります。**問題は、そのエネルギーを向ける「方向」をコントロールできないこと**です。

ではなぜ、エネルギー（モチベーション）の「方向」をコントロールしたいのかといえば、「やりたくないことをやるため」です。

やりたいことではないから。

それが、モチベーションが出ない――エネルギーの方向をコントロールできない――最大の理由です。

であれば解決策はシンプルで、「やりたいことをやればいい」になります（もしくはその行動をやりたくて仕方がないことにすれば）。

ただ、そうは言っても……という人もいるでしょうから、僕の考えるモチベーションの取り扱い方をお伝えしておきます。

エネルギー効率（低）：熱エネルギー

モチベーションとは「エネルギー」です。まずそのことを理解しなければいけません。エネルギーにはさまざまな種類がありますが、代表的なものは3つです。これらは、モチベーションのコントロールにも使えます。

(1) 熱エネルギー
(2) 運動エネルギー
(3) 位置エネルギー

自己啓発書を読んだり、偉人の自伝を読んだり、成功者のインタビューを見たり聞いたりして、やる気を出す。そういった強い言葉で自分（のやる気）に火をつける。

こういったパワーを利用するのが「熱エネルギー」です。触発されて、一時的にはモチベーションは高まるのですが、熱はやがて冷めてしまいます。

これを悪いとは言いません。しかし、名言や自分を鼓舞する言葉に頼り「熱エネルギー」で動きつづけると、ほどなく燃え尽きます。冷めるたびにまた火種や薪が必要になるので、あまり本質的ではありません。

エネルギー効率（中）：運動エネルギー

熱エネルギーに比べると、エコかつ再現性が高いのが「運動エネルギー」です。僕も日常的に利用しています。

詭弁に聞こえるかもしれませんが、「**動き出すのに必要なエネルギー（モチベーション）は、実際に動き出してから生まれる**」のです。

いやだから、最初の動き出すことができないのだけれど……という気持ちはわかります。けれど思い出してください。モチベーションとはエネルギーです。であるならば、「**エネルギーを使わなくてもできること**」をすればいいわけです。僕はこれを「ミニット・タスク」と呼んでいます。

ミニット（minite）、つまり1分で終わる行動を最初のタスクにします。提案書を作るのなら「keynoteを開く」、お礼状を出すのなら「レターセットを出して郵便番号を書く」、読書なら「1行だけ読む」など。

「運動」は始まると、今度はそれを止める方がエネルギーが必要になります。わずかな動き出しのエネルギーを利用して、慣性の法則でやりきってしまう。

これが「運動エネルギー」の利用です。

エネルギー効率（大）：位置エネルギー

「運動エネルギー」を使うことでも、格段に自身のモチベーションをコントロールできるようになるでしょう。けれど、これはあくまでも仕組み。より本質的で、無限に利用できるエネルギーがあります。それが「位置エネルギー」です。

重力によって、物体は高い場所から低い場所に落下します。つまり、高い位置にはポテンシャル・エネルギーがあるということです。僕らが利用する高い位置というのは、「夢」や「目標」、「ゴール」と呼ばれるもの。高ければ高いほど、生み出されるエネルギーは大きくなります。このとき発生するエネルギーは、熱エネルギーや運動エネルギーの比ではありません。「ずば抜けた未来」という高い位置を想像し、それを現状まで「落下」させる。よく語られる論理的な逆算などではありません。高い位置の未来を強くイメージしたときに、「だったら」と今の自分の在り方と自然と結びつく。そこで生まれるエネルギーです。

ただし、位置とは相対的なものですから、自分の居場所が変わって（上がって）掲げていた夢やゴールとの距離が近づき小さくなってしまったなら、かつて出ていたようなエネルギーは生み出されません。そのため、常に強力な位置エネルギーが発生するに十分な距離を保ちつづけるよう留意する必要があります。それだけが、位置エネルギーを活用するうえでの注意点です。

助け合って生きる仲間と出会う

最も信頼できる幸福への道

ハーバード大学が1938年から行っており、史上最も長い追跡調査と呼ばれるハーバード成人発達研究。75年に亘り724人の男性の生活を毎年調べ、現在は被験者の子供たち2000人以上についても調査がされています。

4代目所長ロバート・ウォールディンガー教授は何万ページにも及ぶ調査結果から、**我々の幸福と健康の維持に本当に必要なものは、富でも名声でも、がむしゃらに働くことでもなく、「良い人間関係」に尽きると結論づけました。**

孤独を受け容れて生活している人ほど、中年になってからの健康の衰えは早く、寿命も短くなると言います。また、人間関係が重要といっても、単純な数の問題ではなく、生涯寄り添う伴侶の有無でもありません。あくまで関係するのは、**身近な人たちとの関係の質**です。

研究のひとつとして教授は、参加者全員を追跡調査し、彼らが80代になったとき、中年だった頃の彼らを振り返り、誰が健康で幸せな80代になったか予測してみたかったと述べています。

参加者らが50代の頃に得たデータをすべて集計してみると、老年時の幸福度や健康レベルは、中年時のコレステロール値などと関連性はなく、あくまでも当時の人間関係の満足度で予測されることがわかったそうです。つまり、50代で最も幸せな人間関係にあった人が、80歳になっても一番健康だったと。親密な良い人間関係がクッションとなって、加齢過程でのさまざまな問題を和らげてくれたのではないかと考察しています。

そして最後に、教授は「こんな結論――幸福と健康に最も重要なのは、人間関係の質である――は、わかりきっていた」とも述べています。ではなぜ、そういった関係は築き難く無視されやすいのかといえば、我々が手っ取り早く手に入れられる、生活を快適に維持してくれるものが大好きだからだと指摘します。

我々人類がこの膨大な研究結果から得るべき教訓はシンプルです。良い人生は良い人間関係で築かれる。幸福な人生を求めるなら――求めない人はいないでしょう――富や名声に頼ろうとするのではなく、良い人間関係に頼ること。

参考："What makes a good life? Lessons from the longest study on happiness", Robert Waldinger（TED Talk）, https://www.ted.com/talks/robert_waldinger_what_makes_a_good_life_lessons_from_the_longest_study_on_happiness

いかにして良い人間関係は築かれるのか

大人になり、さらにある程度の年齢が過ぎてからの「ともだち」関係は、ただ仲がいい、ただ趣味が合うだけでは維持が難しく、**互いが互いに「ゆるや**

かなファンである」ことが重要ではないかと感じています。パートナーに対しても、良い関係を長期間維持できるかどうかは、尊敬が土台にあるかどうかで決まるのではないでしょうか。

原因はさまざま考えられますが、主に可処分時間の減少と、優先順位付けの変化が挙げられます。今さら言葉にすることでもありませんが、大人になるにつれ、なにより〈時間〉が貴重であることを思い知ります。限られた時間をなにに、誰に費やすのか。人生を尊重する人ほど、判断がシビアになるのは当然です。

人生初期（幼少期）の人間関係はきわめて宿命性が高く、物理条件に強く依存します。それゆえに、大人になるにつれて「ともだち」関係は自然と解消されていきます。そして、それで構わないわけです。

小学１年生は「ともだち１００人できるかな」でいいのかもしれません。けれど大人になってからは、ポジティブで信頼し合い尊敬できる少数の友人の存在が、ただＳＮＳで「いいね」し合うつながりの１００倍も１０００倍も意味があることを思い知ります。

伝説の経営者・実業家と称される中野善壽氏（東方文化支援財団代表理事、元寺田倉庫代表取締役社長兼ＣＥＯ）は著書のなかで「飲み会を捨てる。人間関係はがんばって広げなくていい」と述べます。

がんばって顔を売ったところで、一緒に仕事をする相手は三人か五人、多くて十人くらいのものでしょう。一緒に働ける人が十人もいれば、たいていの仕事はできるもの。（中野善壽『ぜんぶ、すてれば』ディスカヴァー・トゥエンティワン）

僕もそれなりに長いフリーランス人生で、同じことを実感します。そしてその10人は、幸運にもとても良い友人になれる可能性を秘めています。

彼ら／彼女らと、ではどのように出会うのかといえば、やはり少数精鋭のプロジェクトを通じてなのです。

人生のパーティー化が最強のサバイバル術

20世紀最高の指導者と呼ばれるバスケットボールコーチ、ジョン・ウッデンは成功を次のように定義しました。

成功とは、最高の自分になるために全力を尽くした後に得られる、こころの平和のこと。（ジョン・ウッデン『まじめに生きるのを恥じることはない』ディスカヴァー・トゥエンティワン）

ここまで通読いただいたならすでに了解されているでしょうけれど、本書はお金を稼ぐことについて、それほど高い目標を持っていません。あえて言うならば、「**勝つ**」**よりも**「**負けない**」**ための指南書**です。「競争」ではなく「平和」を目指す本です。

最後に再度、バランスホイールの話をさせてください。

人生で重要なテーマは複数あり、代表的なものに、職業、健康、趣味、家族、友人、生涯学習、社会貢献、経済（お金）が挙げられます。経済的成功は、全体のパイからすれば、数分の一しか占めません。だからといってそれほど重要ではない、と言いたいわけではないのです。

経済的な充足は、その他のテーマを追求するための必要条件となります。これはまさに健康と同じポジションです。

筋肉はある程度必要ですが、あればあるほどいいと考える人は（ボディビルダーなど特殊な人種を除いて）いないでしょう。家族や友人と過ごす時間を犠牲にしてなお、筋肉を求めてトレーニングに明け暮れる人がいたなら、尊敬ではなく悲哀の目で見られるに違いありません。

お金は大事です。でもそれは、バランスのなかでの話です。健康も、趣味も、家族も、友人も、なにかを学びつづけることも、社会との関わりや貢献も、等しく大切であり、それらのなかには（多少）お金が必要なものもあれば、ほとんど必要としないものもあります。

職業というテーマは（とりわけフリーランスにおいて）人生における複数の他のテーマの充実も同時に満たす可能性があるものです。

会社はともだちを作る場所ではない、は正論で、そのとおり。けれど目的ではなく結果論として、プロジェクトを通じて生涯の友人を得ることがあります。そのために必要な考え方や行動はすでに述べました。

少数の仲間とパーティーを組んで、大きなプロジェクトを達成する。

それが最強のサバイバル術であり、人生の醍醐味である。

本書を通じてあなたがこの平凡な主張を再認識し、今後の指針にしていただければ嬉しいです。

それにより、いっそう豊かで平和な日々を送れることを願っています。

あとがき

最後に、本章で割愛した点をいくつか補足して筆を擱(お)きます。

本書を書いたきっかけ。書籍の本質は、常識や権威に対する反論であると考えています。ビジネス書の宿命として、すぐ役に立つノウハウを求められますが、根底は物心両面で豊かなフリーランスの実像と、世間がイメージするフリーランス像に乖離(かいり)があることへの問題意識でした。

独立した知人の多くが数年と経たず、事業をたたんでいきました。彼ら／彼女らの共通項は「ひとりで」上手くやろうとしていたことです。

大きな社会情勢の変化にあり、フリーランスが急増しているなかで、ひとりでも多くの人生が本書によって報われればと願っています。

次に、本書では「（余分な）お金は重要ではない」と主張しているようですが、やや語弊があります。かつて経営者の会で、ある人が「僕は年収一千万円で十分です」と言い、大先生にばちぼこに叱られていました。周囲が破格の報酬を取るなか、本人は謙虚のつもりで言ったのでしょう。しかし会の主催者に「お前は自分のことしか考えていないから、そんなことが言えるんだ。他の人、社会の幸福まで担うなら、金なんていくらあっても足りないはずだ」と強く叱責されました。

しっかり稼ぎ、自分だけでなく、面倒を見られる範囲のなかで、ひとりでも多くの幸せを担える人を共に目指してほしいと思います。

バランスホイールについて。バランスは重要ですが、常に均等であるべきだという意味ではありません。時々で重点項目はあり、著しくバランスを欠く瞬間も当然あります。フリーランスも開始時は、趣味や友人といった方面は無視され、経済（仕事）が大半を占めるはずであり、それで正しいです。あくまでも、人生全体のトータルでの話です。

本書を手にしてくれたあなたと、家族と仲間に感謝して。

２０２３年３月

イデ　トモタカ

イデ トモタカ

1986年、大阪生まれ。株式会社letter代表。在学中からビジネスを行い、一度も就職することなくコピーライターとして独立。DRM（ダイレクト・レスポンス・マーケティング）に没頭し、26歳で参画したプロジェクトでは広告費10万円で7億円を売り上げる。現在は大企業を中心にインターナル・レターの制作、教育プログラムの開発を担う。株式会社働きごこち研究所を筆頭に、複数のチームに所属し活動。自由なフリーランスながら枠を超えたさまざまな領域の事業に取り組む。

- Webサイト　idetomotaka.com
- ニュースレター　ide.medy.jp
- Twitter　@idetomotaka

フリーランスで「超(ちょう)」成果(せいか)を上(あ)げる　プロジェクトワーカーとしての働(はたら)き方(かた)

2023年3月22日　初版発行

著者　イデトモタカ
発行者　和田智明
発行所　株式会社ぱる出版
〒160-0011　東京都新宿区若葉1-9-16
03(3353)2835―代表　03(3353)2826―FAX
03(3353)3679―編集
振替　東京　00100-3-131586
印刷・製本　中央精版印刷(株)

ISBN978-4-8272-1383-6　C0034